Liebe Leserin, lieber Leser,

dies ist eine französische Original-Lektüre, die **Wort für Wort** ins Deutsche übersetzt wurde.

Hier ein paar Hinweise:

Bitte lesen Sie primär nur den französischen Text
auf der Hauptzeile.
Bei Unklarheiten springen Sie runter
zur Übersetzungszeile.
Nicht die Übersetzungszeile im Fluss lesen!

Punktiert unterstrichene Wörter gehören zusammen.

Text in eckigen Klammern [ ] = Anmerkung des Übersetzers.

Da ein Wort mehrere Bedeutungen haben kann, gilt:
Es ist diejenige Bedeutung angegeben, die das Wort
im vorliegenden Zusammenhang hat
(mit Tendenz zur Hauptbedeutung).

In Grenzfällen wurde die Praxisnähe bevorzugt
gegenüber wissenschaftlicher Genauigkeit.

Viel Spaß und viel Erfolg!

Bibliografische Information der Deutschen Nationalbibliothek:

Die Deutsche Nationalbibliothek verzeichnet diese Publikation
in der Deutschen Nationalbibliografie.
Detaillierte bibliografische Daten sind im Internet abrufbar
über http://dnb.d-nb.de

Jules Verne/Anne Goergens:
Maître Zacharius/Meister Zacharius

Lektüre zweisprachig, Französisch/Deutsch
WÖRTLICH ÜBERSETZT – jedes Wort einzeln –
auf eingefügter Zwischenzeile

Lesespaß ohne lästiges Nachschlagen!

Übersetzerin: Anne Goergens
Herausgeber: Harald Holder
Die Texte wurden an einigen Stellen behutsam dem Zweck angepasst.

ISBN: 978 – 3 – 94 33 94 – 27 – 6

2. unveränderte Auflage 2015

Copyright Harald Holder 2013
Harald Holder Verlag, Augsburg

Druck und Bindung: Books on Demand GmbH, Norderstedt
Printed in Germany

www.holder-augsburg-zweisprachig.de

TABLE DES MATIÈRES
Tafel   von den   Themen

I – UNE NUIT D' HIVER   4
I   Eine   Nacht   von   Winter

II – L' ORGUEIL DE LA SCIENCE   17
II   Der   Hochmut   von   der   Wissenschaft

III – UNE VISITE ÉTRANGE   26
III   Ein   Besuch   seltsamer

IV – L' ÉGLISE DE SAINT-PIERRE   37
IV   Die   Kirche   von   Sankt   Peter

V – L' HEURE DE LA MORT   47
V   Die   Stunde   von   dem   Tod

I – UNE NUIT D'HIVER
I — Eine Nacht von Winter

La ville de Genève est située à la pointe occidentale du lac
Die Stadt von Genf ist gelegen an der Spitze westlichen von dem See

auquel elle a donné son nom. Le Rhône, qui la traverse
zu welchem sie hat gegeben ihren Namen Die Rhone die sie durchquert

à sa sortie du lac, la partage en deux quartiers distincts, et
an ihrem Ausgang von dem See sie einteilt in zwei Teile verschiedene und

est divisé lui-même, au centre de la cité, par une île jetée entre
ist eingeteilt sie-selbst in der Mitte von der Stadt durch eine Insel geworfen zwischen

ses deux rives. Cette disposition topographique se reproduit souvent
ihre zwei Ufer Diese Anordnung topografische sich wiederholt oft

dans les grands centres de commerce ou d'industrie. Sans doute, les
in den großen Zentren von Handel oder von Industrie Ohne Zweifel die

premiers indigènes furent séduits par les facilités de transport que
ersten Einheimischen waren begeistert von den Möglichkeiten von Transport die

leur offraient les bras rapides des fleuves, «ces chemins qui
ihnen boten die Arme schnellen von den Flüssen diesen Wegen die

marchent tout seuls», suivant le mot de Pascal. Avec le Rhône, ce
gehen ganz allein folgend dem Wort von Pascal Mit der Rhone das

Blaise Pascal: französischer Mathematiker und Philosoph

sont des chemins qui courent.
sind [---] Wege die rennen

Au temps où des constructions neuves et régulières ne s'élevaient
In der Zeit wo [---] Bauten neue und gleichmäßige nicht sich erhoben

pas encore sur cette île, ancrée comme une galiote hollandaise au
nicht noch auf dieser Insel verankert wie ein [Segelschiff] holländisches in der

milieu du fleuve, le merveilleux entassement de maisons grimpées les
Mitte von dem Fluss das wunderbare Durcheinander von Häusern geklettert die

unes sur les autres offrait à l'oeil une confusion pleine de charmes.
einen auf die anderen bot zu dem Auge ein Durcheinander voll von Ausstrahlung

Le peu d'étendue de l'île avait forcé quelques-unes de ces
Das wenige von Ausdehnung von der Insel hatte gezwungen einige von diesen

constructions à se jucher sur des pilotis, engagés pêle-mêle dans
Bauten zu sich oben setzen auf [---] Pfähle eingelassen durcheinander in

les rudes courants du Rhône. Ces gros madriers, noircis par les
die rauen Strömungen von der Rhone Diese großen Bohlen geschwärzt von dem

temps, usés par les eaux, ressemblaient aux pattes d'un crabe
Wetter abgenutzt von dem Wasser ähnelten zu den Beinen von einer Krabbe

4

immense et produisaient un effet fantastique. Quelques filets jaunis,
riesigen und erzeugten einen Effekt fantastischen Einige Netze vergilbte

véritables toiles d' araignée tendues au sein de cette substruction
wahre Stoffe von Spinne gehalten in dem Schoß von diesem Unterbau
la toile d'araignée = das Spinnennetz; au sein de = innerhalb, in

séculaire, s' agitaient dans l' ombre comme s' ils eussent été le
jahrhundertealten sich bewegten in dem Schatten als ob sie hätten gewesen das

feuillage de ces vieux bois de chêne, et le fleuve, s' engouffrant au
Laub von diesen alten Hölzern von Eiche und der Fluss hineinströmend in die

milieu de cette forêt de pilotis, écumait avec de lugubres
Mitte von diesem Wald von Pfeilern schäumte mit [---] finsterem

mugissements.
Tosen

Une des habitations de l' île frappait par son caractère d' étrange
Eine von den Behausungen von der Insel schlug [fiel auf] durch ihr Wesen von seltsamer

vétusté. C' était la maison du vieil horloger, maître Zacharius, de sa
Baufälligkeit Das war das Haus von dem alten Uhrmacher Meister [Vorname] von seiner

fille Gérande, d' Aubert Thün, son apprenti, et de sa vieille servante
Tochter [Vorname] von [Vorname] [Nachname] seinem Lehrling und von seiner alten Dienerin

Scholastique.
[Vorname]

Quel homme à part que ce Zacharius! Son âge semblait
Welch Mann besonderer dass dieser Zacharius Sein Alter schien

indéchiffrable. Nul des plus vieux de Genève n' eût pu dire depuis
unergründlich Keiner von den meist alten von Genf weder hätte können sagen seit

combien de temps sa tête maigre et pointue vacillait sur ses épaules,
wieviel von Zeit sein Kopf magerer und spitzer wackelte auf seinen Schultern

ni quel jour, pour la première fois, on le vit marcher par les rues
noch [an] welchem Tag für das erste Mal man ihn sah gehen durch die Straßen

de la ville, en laissant flotter à tous les vents sa longue chevelure
von der Stadt in lassend flattern in allen den Winden seine langen Haare

blanche. Cet homme ne vivait pas. Il oscillait à la façon du balancier
weißen Dieser Mann nicht lebte nicht Er schwang in der Art von dem Pendel

de ses horloges. Sa figure, sèche et cadavérique, montrait des teintes
von seinen Uhren Sein Gesicht trocken und leichenhaft zeigte [---] Farbtöne

sombres. Comme les tableaux de Léonard de Vinci, il avait poussé
dunkle Wie die Gemälde von Leonard da Vinci er hatte gerückt

au noir.
in das Schwarz
il avait puossé au noir = er war dunkler geworden, war nachgedunkelt

Gérande habitait la plus belle chambre de la vieille maison, d' où, par
Gérande bewohnte das meist schöne Zimmer von dem alten Haus von wo durch

5

une étroite fenêtre, son regard allait mélancoliquement se reposer sur
ein enges Fenster ihr Blick ging schwermütig sich ausruhen auf

les cimes neigeuses du Jura; mais la chambre à coucher et
den Gipfeln schneebedeckten von dem [Gebirge] aber das Zimmer zu schlafen und

l' atelier du vieillard occupaient une sorte de cave, située presque
die Werkstatt von dem Alten einnahmen eine Art von Keller gelegen fast

au ras du fleuve et dont le plancher reposait sur les pilotis mêmes.
nahe des Flusses und von dem der Fußboden ruhte auf den Pfeilern selbst

Depuis un temps immémorial, maître Zacharius n' en sortait qu'
Seit einer Zeit uralten Meister Zacharius nicht davon ging hinaus außer

aux heures des repas et quand il allait régler les différentes
in den Stunden von den Mahlzeiten und wenn er ging stellen die verschiedenen

horloges de la ville. Il passait le reste du temps près d' un établi
Uhren von der Stadt Er verbrachte den Rest von der Zeit nahe von einer Werkbank

couvert de nombreux instruments d' horlogerie, qu' il avait pour la
bedeckt von zahlreichen Werkzeugen von Uhrmacherei die er hatte für den

plupart inventés.
Großteil erfunden

Car c' était un habile homme. Ses oeuvres se prisaient fort dans toute
Denn das war ein geschickter Mann Seine Werke sich schätzten sehr in ganz
se priser fort = sehr geschätzt sein

la France et l' Allemagne. Les plus industrieux ouvriers de Genève
dem Frankreich und dem Deutschland Die meist geschickten Arbeiter von Genf

reconnaissaient hautement sa supériorité, et c' était un honneur pour
anerkannten höchst seine Überlegenheit und das war eine Ehre für

cette ville, qui le montrait en disant:
diese Stadt die das zeigte in sagend

«À lui revient la gloire d' avoir inventé l' échappement! »
Zu ihm zukommt der Ruhm zu haben erfunden die Hemmung [Mechanik des Uhrwerks]

En effet, de cette invention, que les travaux de Zacharius feront
In der Tat von dieser Erfindung die die Arbeiten von Zacharius werden machen

comprendre plus tard, date la naissance de la véritable horlogerie.
verstehen mehr spät datiert die Geburt von der wahren Uhrmacherei

Or, après avoir longuement et merveilleusement travaillé, Zacharius
[Füllwort] nach haben lange und wunderbar gearbeitet Zacharius

remettait avec lenteur ses outils en place, recouvrait de légères
zurücklegte mit Langsamkeit seine Werkzeuge in Platz wieder zudeckte von [mit] leichten

verrines les fines pièces qu' il venait d' ajuster, et rendait le
Gläsern [Glasglocken] die feinen Teile die er kam von anpassen und zurückgab die
venir de faire quelquechose = gerade eben etwas gemacht haben

6

repos à la roue active de son tour;   puis il soulevait un judas
Ruhe zu dem Rad   aktiven von seiner Drehbank dann er hob [öffnete] ein Guckloch

pratiqué   dans le plancher de son réduit, et là, penché des
ausgeübt [eingearbeitet] in den Boden von seiner Kammer und dort gebeugt [---]

heures entières, tandis que le Rhône se précipitait avec fracas sous ses
Stunden   ganze   während   die Rhone sich   stürzte   mit Getöse unter seinen

yeux, il s' enivrait à ses brumeuses vapeurs.
Augen er sich berauschte an ihren dunstigen   Dämpfen

Un soir d' hiver, la vieille Scholastique servit le souper, auquel, selon
Ein Abend von Winter   die alte   Scholastique servierte das Abendessen an welchem nach

les antiques usages, elle prenait part avec le jeune ouvrier. Bien que
den   alten   Sitten sie   nahm   Teil mit dem jungen Arbeiter   Obwohl

des mets soigneusement apprêtés lui fussent offerts dans une belle
[---] Speisen sorgfältig   zubereitet ihm waren angeboten in   einem schönen

vaisselle bleue et blanche, maître Zacharius ne mangea pas. Il
Geschirr blauen und weißen   Meister   Zacharius nicht aß   nicht Er

répondit à peine aux douces paroles de Gérande, que la taciturnité
antwortete kaum zu den sanften Worten von Gérande   der die Schweigsamkeit

plus sombre de son père préoccupait visiblement, et le babillage de
mehr dunkle von ihrem Vater Sorge bereitete sichtlich   und das Geplapper von

Scholastique ne frappa pas plus son oreille que ces
Scholastique nicht schlug nicht mehr sein Ohr   als dieses

grondements du fleuve auxquels il ne prenait plus garde. Après ce
Tosen   von dem Fluss zu welchem er nicht nahm mehr Wache   Nach dieser
ne plus prendre garde = nicht mehr beachten, nicht mehr wahrnehmen

repas silencieux, le vieil horloger quitta la table sans embrasser sa
Mahlzeit   stillen   der alte Uhrmacher verließ den Tisch ohne   küssen seine

fille, sans donner à tous le bonsoir accoutumé. Il disparut par
Tochter ohne geben zu allen das Guten Abend gewohnte   Er verschwand durch

l' étroite porte qui conduisait à sa retraite, et, sous ses pas pesants,
die schmale Tür die führte zu seinem Zufluchtsort und unter seinen Schritten schweren

l' escalier gémit avec de lourdes plaintes.
die Treppe stöhnte mit [---] schweren Klagen

Gérande, Aubert et Scholastique demeurèrent quelques instants sans
Gérande Aubert und Scholastique blieben   einige Augenblicke ohne

parler. Ce soir-là, le temps était sombre; les nuages se traînaient
sprechen Diesen Abend-da das Wetter war dunkel   die Wolken sich schleppten

lourdement le long des Alpes et menaçaient de se fondre en pluie; la
schwer entlang von den Alpen und drohten zu sich zerfließen in Regen die

sévère température de la Suisse emplissait l' âme de tristesse,
raue Temperatur von der Schweiz füllte die Seele von Traurigkeit

tandis que les vents du midi rôdaient aux alentours et jetaient de
während   die Winde von dem Süden umherstreiften in der Umgebung und warfen [---]

7

sinistres sifflements.
unheimliches Pfeifen

«Savez-vous bien, ma chère demoiselle, dit enfin Scholastique, que
Wissen-Sie wohl mein liebes Fräulein sagte schließlich Scholastique dass

notre maître est tout en dedans depuis quelques jours? Sainte Vierge!
unser Meister ist ganz in innen seit einigen Tagen Heilige Jungfrau
en dedans = nach innen gekehrt

Je comprends qu' il n' ait pas eu faim, car ses paroles lui sont
Ich verstehe dass er nicht hat nicht gehabt Hunger denn seine Worte ihm sind

restées dans le ventre, et bien adroit serait le diable qui lui en
geblieben in dem Bauch und sehr geschickt wäre der Teufel der ihm davon

tirerait quelqu'une!
zöge [entlocke] eines

– Mon père a quelque secret motif de chagrin que je ne puis même
Mein Vater hat irgendeinen geheimen Grund von Kummer den ich nicht kann selbst

pas soupçonner, répondit Gérande, tandis qu' une douloureuse
nicht ahnen antwortete Géronde während eine schmerzhafte

inquiétude s' imprimait sur son visage.
Beunruhigung sich abdrückte auf ihrem Gesicht

– Mademoiselle, ne permettez pas à tant de tristesse d' envahir votre
Mein Fräulein nicht erlauben Sie nicht zu so viel von Traurigkeit zu einfallen in Ihr

coeur. Vous connaissez les singulières habitudes de maître Zacharius.
Herz Sie kennen die sonderbaren Gewohnheiten von Meister Zacharius

Qui peut lire sur son front ses pensées secrètes? Quelque ennui
Wer kann lesen auf seiner Stirn seine Gedanken geheimen Irgendeine Unannehmlichkeit

sans doute lui est survenu, mais demain il ne s' en souviendra pas et
ohne Zweifel ihm ist sich ereignet aber morgen er nicht sich daran wird erinnern nicht und

se repentira vraiment d' avoir causé quelque peine à sa fille. »
wird bereuen wirklich zu haben verursacht irgendeinen Kummer zu seiner Tochter

C' était Aubert qui parlait de cette façon, en fixant ses regards sur les
Das war Aubert der sprach von [in] dieser Weise in fixierend seine Blicke auf die

beaux yeux de Gérande. Aubert, le seul ouvrier que maître Zacharius
schönen Augen von Gérande Aubert der einzige Arbeiter den Meister Zacharius

eût jamais admis à l' intimité de ses travaux, car il appréciait son
hätte jemals hineingelassen in die Vertrautheit von seinen Arbeiten denn er schätzte seine

intelligence, sa discrétion et sa grande bonté d' âme, Aubert s' était
Intelligenz seine Diskretion und seine große Güte von Seele Aubert sich hatte

attaché à Gérande avec cette foi mystérieuse qui préside aux
verbunden an Gérande mit diesem Glauben geheimnisvollen der führt zu der

dévouements héroïques.
Ergebenheit heldenhaften

8

Gérande avait dix-huit ans. L' ovale de son visage rappelait celui des
Gérande hatte achtzehn Jahre Das Oval von ihrem Gesicht erinnerte dem von den

naïves madones que la vénération suspend encore au coin des rues
einfachen Madonnen die die Verehrung aufhängt noch an der Ecke von den Straßen

des vieilles cités de Bretagne. Ses yeux respiraient une simplicité
von den alten Städten von Bretagne Ihre Augen ausstrahlten eine Einfachheit

infinie. On l' aimait, comme la plus suave réalisation du rêve
unendliche Man sie liebte wie die meist liebliche Verwirklichung von dem Traum

d' un poëte. Ses vêtements montraient des couleurs peu voyantes, et
von einem Dichter Ihre Kleider zeigten [---] Farben wenig auffällige und

le linge blanc qui se plissait sur ses épaules avait cette teinte et cette
das Tuch weiße das sich faltete auf ihren Schultern hatte diesen Farbton und diesen

senteur particulières au linge d' Église. Elle vivait d' une existence
Duft besonderen von dem Tuch von Kirche Sie lebte [---] ein Dasein

mystique dans cette ville de Genève, qui n' était pas encore livrée à
geheimnisvolles in dieser Stadt von Genf die nicht war nicht noch ergeben zu

la sécheresse du calvinisme.
der Trockenheit von dem Kalvinismus

le calvinisme = evangelische Glaubenslehre des Reformators Calvin aus Genf

Ainsi que, soir et matin, elle lisait ses prières latines dans son missel
So dass Abend und Morgen sie las ihre Gebete lateinischen in ihrem Messbuch

à fermoir de fer, Gérande avait lu un sentiment caché dans le coeur
in Verschluss von Eisen Gerande hatte gelesen ein Gefühl verstecktes in dem Herz

d' Aubert Thün, quel dévouement profond le jeune ouvrier avait pour
von Aubert Thün welche Ergebenheit tiefe der junge Arbeiter hatte für

elle. Et en effet, à ses yeux, le monde entier se condensait dans
sie Und in der Tat in seinen Augen die Welt ganze sich niederschlug in

cette vieille maison de l' horloger, et tout son temps se passait près de
diesem alten Haus von dem Uhrmacher und ganze seine Zeit sich ereignete nahe von

la jeune fille, quand, le travail terminé, il quittait l' atelier de son
dem jungen Mädchen wenn, die Arbeit beendet, er verließ die Werkstatt von ihrem

père.
Vater

La vieille Scholastique voyait cela, mais n' en disait mot. Sa
Die alte Scholastique sah das aber nicht davon sagte Wort Ihre

loquacité s' exerçait de préférence sur les malheurs de son temps et les
Redseligkeit sich ausübte von Vorliebe über die Unglücke von ihrer Zeit und die

petites misères du ménage. On ne cherchait pas à l' arrêter. Il en
kleinen Nöte von dem Haushalt Man nicht [ver]suchte nicht zu sie anhalten Es davon

était d' elle comme de ces tabatières à musique que l' on fabriquait à
war von ihr wie von diesen Tabakdosen zu Musik die [---] man herstellte in

la tabatière à musique = die Spieldose

Genève: une fois montée, il aurait fallu la briser pour qu' elle ne
Genf ein Mal aufgezogen man hätte gemusst sie zerbrechen für dass sie nicht

9

jouât pas tous ses airs.
spielte nicht alle ihre Melodien

En trouvant Gérande plongée dans une taciturnité douloureuse,
In findend Gérande getaucht in eine Schweigsamkeit schmerzhafte

Scholastique quitta sa vieille chaise de bois, fixa un cierge sur la
Scholastique verließ ihren alten Stuhl von Holz festmachte eine Kerze auf der

pointe d' un chandelier, l' alluma et le posa près d' une petite vierge
Spitze von einem Kerzenständer sie anzündete und sie stellte nahe von einer kleinen Jungfrau

de cire abritée dans sa niche de pierre. C' était la coutume de
von Wachs windgeschützt in ihrer Nische von Stein Das war der Brauch zu

s' agenouiller devant cette madone protectrice du foyer, en lui
sich hinknien vor diese Madonna schützende von dem Heim in sie

demandant d' étendre sa grâce bienveillante sur la nuit prochaine;
bittend zu ausstrecken ihre Gnade wohlwollende über die Nacht nächste

mais, ce soir-là, Gérande demeura silencieuse à sa place.
aber diesen Abend-da Gérande blieb still an ihrem Platz

«Eh bien! ma chère demoiselle, dit Scholastique avec étonnement, le
Na so was mein liebes Fräulein sagte Scholastique mit Erstaunen das

souper est fini, et voici l' heure du bonsoir. Voulez-vous donc
Abendessen ist beendet und hier [ist] die Stunde von dem Gutenabend Wollen-Sie also

fatiguer vos yeux dans des veilles prières? . . . Ah! sainte Vierge!
ermüden Ihre Augen in [---] alten Gebeten Ach Heilige Jungfrau

c' est pourtant le cas de dormir et de retrouver un peu de joie dans de
das ist doch der Fall von schlafen und von wiederfinden ein bisschen von Freude in [---]

jolis rêves? À cette époque maudite où nous vivons, qui peut se
schönen Träumen In dieser Zeit verfluchten wo wir leben wer kann sich

promettre une journée de bonheur?
erlauben einen Tag von Glück

— Ne faudrait-il pas envoyer chercher quelque médecin pour mon
Nicht müsste-man nicht schicken holen einen Arzt für meinen

père? demanda Gérande.
Vater fragte Gérande

— Un médecin! s' écria la vieille servante. Maître Zacharius a-t-il
Einen Arzt rief aus die alte Dienerin Meister Zacharius hat-[---]-er

jamais prêté l' oreille à toutes leurs imaginations et sentences! Il peut
jemals geliehen das Ohr zu allen ihren Fantasien und Urteilen Es kann

y avoir des médecines pour les montres, mais non pour les corps!
dort haben [---] Medizinen für die Uhren aber nein für die Körper

— Que faire? murmura Gérande. S' est-il remis au travail? s' est-il
Was machen murmelte Gérande Sich ist-er wieder gestellt an die Arbeit sich ist-er

10

livré   au repos?
hingegeben zu der Ruhe [hat er sich zur Ruhe begeben?]

– Gérande, répondit doucement Aubert, quelque contrariété morale
Gérande   antwortete sanft   Aubert irgendein Ärgernis seelisches

chagrine maître Zacharius, et voilà tout.
bedrückt Meister Zacharius und das ist alles

– La connaissez-vous, Aubert?
Das   wissen-Sie   Aubert

– Peut-être, Gérande.
Vielleicht   Gérande

– Racontez-nous cela, s' écria vivement Scholastique, en éteignant
Erzählen Sie-uns das rief aus lebhaft Scholastique in löschend

parcimonieusement son cierge.
sparsam   ihre Kerze

– Depuis plusieurs jours, Gérande, dit le jeune ouvrier, il se passe
Seit   einigen Tagen Gérande sagte der junge Arbeiter es sich ereignet

un   fait absolument incompréhensible. Toutes les montres que votre
eine Tatsache absolut unverständliche Alle die Uhren die Ihr

père a faites et vendues depuis quelques années s' arrêtent
Vater hat gemacht und verkauft seit einigen Jahren stehen bleiben

subitement. On lui en a rapporté un grand nombre. Il les a
plötzlich Man ihm davon hat zurückgebracht eine große Anzahl Er sie hat

démontées   avec soin; les ressorts étaient en bon état et les
auseinandergenommen mit Sorgfalt die Federn waren in gutem Zustand und die

rouages parfaitement établis. Il les a   remontées   avec plus de soin
Zahnräder perfekt eingerichtet Er sie hat wieder zusammengebaut mit mehr von Sorgfalt

encore; mais, en dépit de son habileté, elles n' ont plus marché.
noch aber in Ärger von seiner Geschicklichkeit sie nicht haben nicht mehr gegangen
en dépit de = trotz

– Il y a du diable là-dessous! s' écria Scholastique.
Es dort hat von dem Teufel darunter rief aus Scholastique
Il y a du diable là-dessous = Da steckt der Teufel dahinter!

– Que veux-tu dire? demanda Gérande. Ce fait   me semble naturel.
Was willst-du sagen fragte Gérande Diese Tatsache mir scheint natürlich

Tout est borné sur terre, et l' infini ne peut sortir de la main
Alles ist begrenzt auf Erde und das Unendliche nicht kann herausgehen von der Hand

des hommes.
von den Menschen

– Il n' en est pas moins vrai, répondit Aubert, qu' il y a en cela
Es nicht davon ist nicht weniger wahr antwortete Aubert dass es dort hat davon das

quelque chose d' extraordinaire et de mystérieux. J' ai aidé
etwas von Ungewöhnliches und von Geheimnisvolles Ich habe geholfen

moi-même maître Zacharius à rechercher la cause de ce dérangement
ich-selbst Meister Zacharius zu suchen die Ursache von dieser Störung

de ses montres, je n' ai   pu la trouver, et, plus d' une fois,
von seinen Uhren   ich nicht habe gekonnt sie finden   und   mehr als ein   Mal

désespéré, les   outils me sont tombés des mains.
verzweifelt   die Werkzeuge mir sind   gefallen von den Händen

— Aussi, reprit Scholastique, pourquoi se livrer   à tout ce travail
   Auch   fuhr fort Scholastique   warum   sich liefern [hingeben] zu all dieser Arbeit

de réprouvé? Est-il naturel qu' un petit instrument de cuivre puisse
von verdammten   Ist-es   natürlich dass ein kleines   Gerät   von Kupfer   kann

marcher tout seul et marquer les heures? On aurait dû   s' en tenir
  gehen   ganz allein und anzeigen die Stunden   Man hätte gemusst sich davon nehmen

  au   cadran solaire!
in dem Zifferblatt solaren [Sonnenuhr]

On aurait dû s'en tenir au cadran solaire = Man hätte es mit der Sonnenuhr bewenden lassen sollen.

— Vous ne   parlerez   plus ainsi, Scholastique, répondit Aubert,
   Sie nicht werden sprechen nicht mehr so   Scholastique   antwortete   Aubert

quand vous saurez   que le cadran solaire fut inventé par Caïn.
 wenn   Sie werden wissen dass das Zifferblatt solare   war erfunden von Kain

— Seigneur mon Dieu! que m' apprenez-vous là?
   Herr   mein Gott   was mich   lehren-Sie   da

— Croyez-vous, reprit ingénument Gérande, que l' on puisse prier
   Glauben-Sie   fuhr fort   arglos   Gérande   dass [---] man kann   beten

Dieu de rendre la vie   aux montres de mon père?
Gott zu zurückgeben das Leben zu den Uhren   von meinem Vater

— Sans aucun doute, répondit le jeune ouvrier.
   Ohne keinen Zweifel antwortete der junge   Arbeiter

— Bon! Voici   des prières inutiles, grommela la vieille servante, mais
   Gut   Hier [sind] [---] Gebete unnötig   grummelte die alte   Dienerin   aber

le Ciel   en pardonnera l' intention. »
der Himmel davon wird vergeben die   Absicht

Le cierge fut   rallumé.   Scholastique, Gérande et Aubert
Die Kerze war wieder angezündet Scholastique   Gérande und Aubert

s'agenouillèrent sur les dalles de la chambre, et la jeune fille pria
 sich   knieten   auf die Fliesen von dem Zimmer   und das junge Mädchen betete

pour l' âme de sa mère, pour la sanctification de la nuit, pour les
 für die Seele von ihrer Mutter   für   die   Segnung   von der Nacht   für   die

voyageurs et les prisonniers, pour les bons et les méchants, et surtout
 Reisenden und die Gefangenen   für   die Guten und die   Bösen   und besonders

pour les tristesses inconnues de son père.
 für   die Traurigkeiten unbekannten von ihrem Vater

Puis, ces trois dévotes personnes se relevèrent avec quelque confiance
 Dann diese drei frommen   Menschen sich wieder erhoben mit   einigem   Vertrauen

  au coeur, car elles avaient remis leur peine dans le sein de Dieu.
in dem Herz   denn sie   hatten   übergeben ihren Kummer in   den Schoß von Gott

12

Aubert regagna sa chambre, Gérande s' assit toute pensive près de
Aubert zurückging zu seinem Zimmer Gérande sich setzte ganz nachdenklich nahe von

sa fenêtre, pendant que les dernières lueurs s' éteignaient dans la
ihrem Fenster während der letzte Schein erlosch in der

ville de Genève, et Scholastique, après avoir versé un peu d' eau
Stadt von Genf und Scholastique nach haben vergossen ein bisschen von Wasser

sur les tisons embrasés et poussé les deux énormes verrous de
auf die [glimmenden Stücke Holz] glutroten und geschoben die zwei riesigen Riegel von

la porte, se jeta sur son lit, où elle ne tarda pas à rêver qu' elle
der Tür sich warf auf ihr Bett wo sie nicht zögerte nicht zu träumen dass sie

mourait de peur.
starb von Angst

Cependant, l' horreur de cette nuit d' hiver avait augmenté. Parfois,
Jedoch der Schrecken von dieser Nacht von Winter hatte [sich] vergrößert Manchmal

avec les tourbillons du fleuve, le vent s' engouffrait sous les pilotis, et
mit den Strudeln von dem Fluss der Wind sich stürzte unter die Pfeiler und

la maison frissonnait tout entière; mais la jeune fille, absorbée par sa
das Haus zitterte ganz völlig aber das junge Mädchen aufgesaugt von ihrer

tristesse, ne songeait qu' à son père. Depuis les paroles d' Aubert
Traurigkeit nicht dachte außer an ihren Vater Seit den Worten von Aubert

Thün, la maladie de maître Zacharius avait pris à ses yeux des
Thün die Krankheit von Meister Zacharius hatte genommen in ihren Augen [---]

proportions fantastiques, et il lui semblait que cette chère existence,
Proportionen unwirkliche und es ihr schien dass dieses liebe Dasein

devenue purement mécanique, ne se mouvait plus qu' avec effort
geworden rein mechanisch nicht sich bewegte nicht mehr außer mit Mühe

sur ses pivots usés.
auf seinen Drehzapfen abgenutzten [es verlief nur noch mit Mühe auf den gewohnten Bahnen]

Soudain l' abat-vent, violemment poussé par la rafale, heurta la
Plötzlich der Windschutz heftig gestoßen durch die Bö klopfte [an] das

fenêtre de la chambre. Gérande tressaillit et se leva brusquement,
Fenster von dem Zimmer Gérande zuckte zusammen und sich erhob plötzlich

sans comprendre la cause de ce bruit qui secoua sa torpeur. Dès que
ohne verstehen den Grund von diesem Lärm der schüttelte ihre Erstarrung Sobald
qui secoua sa torpeur = hier: der sie aufweckte

son émotion se fut calmée, elle ouvrit le châssis. Les nuages avaient
ihre Aufregung sich war beruhigt sie öffnete den Rahmen [Fenster] Die Wolken waren

crevé, et une pluie torrentielle crépitait sur les toitures environnantes.
geplatzt und ein Regen reißender prasselte auf die Dächer umgebenden

La jeune fille se pencha au dehors pour attirer le volet
Das junge Mädchen sich beugte zu dem Draußen für herziehen den Fensterladen

ballotté par le vent, mais elle eut peur. Il lui parut que la pluie et
herumgeschüttelten von dem Wind aber sie hatte Angst Es ihr schien dass der Regen und

13

le fleuve, confondant leurs eaux tumultueuses, submergeaient cette
der Fluss durcheinander bringend ihre Wasser stürmischen überfluteten dieses

fragile maison dont les ais craquaient de toutes parts. Elle voulut
zerbrechliche Haus von dem die Bohlen krachten von allen Teilen [Seiten] Sie wollte

fuir sa chambre; mais elle aperçut au-dessous d' elle la réverbération
fliehen ihr Zimmer aber sie bemerkte darunter von ihr die Reflexion

d' une lumière qui devait venir du réduit de maître Zacharius, et
von einem Licht das musste kommen von der Kammer von Meister Zacharius und

dans un de ces calmes momentanés pendant lesquels se taisent les
in einer von diesen Windstillen vorübergehenden während welchen schwiegen die

éléments, son oreille fut frappée par des sons plaintifs. Elle tenta de
Elemente ihr Ohr war geschlagen von [---] Klängen klagenden Sie versuchte zu

refermer sa fenêtre et ne put y parvenir. Le vent la repoussait avec
wieder schließen ihr Fenster und nicht konnte dort [es] erreichen Der Wind es zurückstieß mit

violence, comme un malfaiteur qui s' introduit dans une habitation.
Gewalt wie ein Übeltäter der eindrang in eine Wohnung

Gérande pensa devenir folle de terreur! Que faisait donc son père?
Gérande dachte werden verrückt von Entsetzen Was machte also ihr Vater

Elle ouvrit la porte, qui lui échappa des mains et battit bruyamment
Sie öffnete die Tür die ihr entkam von den Händen und schlug lärmend

sous l' effort de la tempête. Gérande se trouva alors dans la salle
unter der Kraft von dem Sturm Gérande sich fand also in dem Zimmer

obscure du souper, parvint, en tâtonnant, à gagner l' escalier qui
dunklen von dem Abendessen erreichte in sich vorantastend zu erreichen die Treppe die

aboutissait à l' atelier de maître Zacharius, et s' y laissa glisser, pâle
führte zu der Werkstatt von Meister Zacharius und sich dort ließ gleiten blass

et mourante.
und sterbend [leichenblass]

Le vieil horloger était debout au milieu de cette chambre que
Der alte Uhrmacher war stehend in der Mitte von diesem Zimmer das

remplissaient les mugissements du fleuve. Ses cheveux hérissés lui
füllte das Tosen von dem Fluss Seine Haare struppigen ihm

donnaient un aspect sinistre. Il parlait, il gesticulait, sans voir, sans
gaben ein Aussehen unheimliches Er sprach er gestikulierte ohne sehen ohne

entendre! Gérande demeura sur le seuil.
hören Gérande blieb auf der Schwelle

«C' est la mort! disait maître Zacharius d' une voix sourde, c' est la
Das ist der Tod sagte Meister Zacharius von einer Stimme dumpfen das ist der

mort! . . . Que me reste-t-il à vivre, maintenant que j' ai dispersé mon
Tod Was mir bleibt-[---]-es zu leben jetzt dass ich habe vergeudet mein

existence par le monde! car moi, maître Zacharius, je suis bien le
Dasein auf der Welt denn ich Meister Zacharius ich bin wohl der

créateur de toutes ces montres que j' ai fabriquées! C' est bien une
Schöpfer von allen diesen Uhren die ich habe hergestellt Das ist wohl ein

partie de mon âme que j' ai enfermée dans chacune de ces boîtes de
Teil von meiner Seele die ich habe eingesperrt in jede von diesen Dosen von

fer, d' argent ou d' or! Chaque fois que s' arrête une de ces horloges
Eisen von Silber oder von Gold Jedes Mal dass stehen bleibt eine von diesen Uhren

maudites, je sens mon coeur qui cesse de battre, car je les ai réglées
verfluchten ich fühle mein Herz das aufhört zu schlagen denn ich sie habe eingestellt

sur ses pulsations! »
auf sein Schlagen

Et, en parlant de cette façon étrange, le vieillard jeta les yeux sur son
Und in sprechend von dieser Weise seltsamen der Alte warf die Augen auf seine

établi. Là se trouvaient toutes les parties d' une montre qu' il avait
Werkbank Dort sich fanden alle die Teile von einer Uhr die er hatte

soigneusement démontée. Il prit une sorte de cylindre creux, appelé
sorgfältig auseinandergenommen Er nahm eine Art von Zylinder hohlen genannt

barillet, dans lequel est enfermé le ressort, et il en retira la spirale
Federgehäuse in welchem ist eingesperrt die Feder und er davon herausnahm die Spirale

d' acier qui, au lieu de se détendre, suivant les lois de son
von Stahl die an dem Platz von sich entspannen, folgend den Gesetzen von ihrer

au lieu de = anstatt

élasticité, demeura roulée sur elle-même, ainsi qu' une vipère
Elastizität, blieb gerollt auf sie-selbst wie eine Viper

endormie. Elle semblait nouée, comme ces vieillards impotents dont
schlafende Sie schien gebunden wie diese alten Gebrechlichen von denen

le sang s' est figé à la longue. Maître Zacharius essaya vainement de
das Blut ist erstarrt auf die Dauer Meister Zacharius versuchte vergeblich zu

la dérouler de ses doigts amaigris, dont la silhouette s' allongeait
sie abrollen von [mit] seinen Fingern abgemagerten von denen der Umriss sich streckte

démesurément sur la muraille, mais il ne put y parvenir, et
unverhältnismäßig auf der Mauer aber er nicht konnte dort [das] erreichen und

bientôt, avec un terrible cri de colère, il la précipita par le judas
bald mit einem schrecklichen Schrei von Wut er sie hinunterstürzte durch das Guckloch

dans les tourbillons du Rhône.
in die Strudel von der Rhone

Gérande, les pieds cloués à terre, demeurait sans souffle, sans
Gérande die Füße angenagelt zu Erde blieb ohne Atem ohne

mouvement. Elle voulait et ne pouvait s' approcher de son père. De
Bewegung Sie wollte und nicht konnte sich nähern von ihrem Vater [...]

vertigineuses hallucinations s' emparaient d' elle. Soudain, elle
schwindelnde Halluzinationen sich bemächtigten von ihr Plötzlich sie

entendit dans l' ombre une voix murmurer à son oreille:
hörte in dem Schatten eine Stimme murmeln in ihr Ohr

15

«Gérande, ma chère Gérande! La douleur vous tient encore éveillée!
Gérande meine liebe Gérande Der Schmerz Sie hält noch wach

Rentrez, je vous prie, la nuit est froide.
Gehen Sie zurück ich Sie bitte die Nacht ist kalt

– Aubert! murmura la jeune fille à mi-voix. Vous! vous!
Aubert murmelte das junge Mädchen in Mitte-Stimme Sie Sie
à mi-voix = leise

– Ne devais-je pas m' inquiéter de ce qui vous inquiète! » répondit
Nicht musste-ich nicht mich beunruhigen von das was Sie beunruhigt antwortete

Aubert.
Aubert

Ces douces paroles firent revenir le sang au coeur de la jeune fille.
Diese sanften Worte machten zurückkommen das Blut in das Herz von dem jungen Mädchen

Elle s' appuya au bras de l' ouvrier et lui dit:
Sie sich drückte an den Arm von dem Arbeiter und ihm sagte

«Mon père est bien malade, Aubert! Vous seul pouvez le guérir, car
Mein Vater ist sehr krank Aubert Sie allein können ihn heilen denn

cette affection de l' âme ne céderait pas aux consolations de sa fille.
diese Erkrankung von der Seele nicht aufhörte nicht an den Trost von seiner Tochter

Il a l' esprit frappé d' un accident naturel, et, en travaillant
Er hat den Verstand geschlagen von einem Vorfall natürlichen und in arbeitend
Il a l'esprit frappé d'un accident naturel = Sein Verstand wurde von einem natürlichen Vorfall geschädigt

avec lui à réparer ses montres, vous le ramènerez à la raison.
mit ihm zu reparieren seine Uhren Sie ihn werden zurückbringen zu der Vernunft

Aubert, il n' est pas vrai, ajouta-t-elle, encore tout impressionnée,
Aubert es nicht ist nicht wahr fügte hinzu-[---]-sie noch ganz beeindruckt

que sa vie se confonde avec celle de ses horloges? »
dass sein Leben verschwindet mit dem von seinen Uhren

Aubert ne répondit pas.
Aubert nicht antwortete nicht

«Mais ce serait donc un métier réprouvé du Ciel que le métier de
Aber das wäre also ein Beruf verurteilt von dem Himmel wie der Beruf von

mon père? fit Gérande en frissonnant.
meinem Vater machte [sagte] Gérande in zitternd

– Je ne sais, répondit l' ouvrier, qui réchauffa de ses mains les mains
Ich nicht weiß antwortete der Arbeiter der wärmte von [mit] seinen Händen die Hände

glacées de la jeune fille. Mais retournez à votre chambre, ma
eisigen von dem jungen Mädchen Aber kehren Sie zurück zu Ihrem Zimmer meine

pauvre Gérande, et, avec le repos, reprenez quelque espérance! »
arme Gérande und mit der Ruhe wieder nehmen Sie [---] Hoffnung

Gérande regagna lentement sa chambre, et elle y demeura jusqu' au
Gérande zurückging langsam [in] ihr Zimmer und sie dort blieb bis zu dem

jour, sans que le sommeil appesantit ses paupières, tandis que maître
Tag ohne dass der Schlaf schwerer machte ihre Augenlider während Meister

Zacharius, toujours muet et immobile, regardait le fleuve couler
Zacharius immer [noch] stumm und unbeweglich betrachtete den Fluss fließen

bruyamment à ses pieds.
laut zu seinen Füßen

II – L' ORGUEIL DE LA SCIENCE
Der Hochmut von der Wissenschaft

La sévérité du marchand génevois en affaires est devenue proverbiale.
Die Strenge von dem Händler Genfer in Geschäften ist geworden sprichwörtlich

Il est d' une probité rigide et d'une excessive droiture.
Er ist von einer Rechtschaffenheit unnachgiebigen und von einer übertriebenen Aufrichtigkeit

Quelle dut donc être la honte de maître Zacharius, quand il vit ces
Welche musste also sein die Schande von Meister Zacharius als er sah diese

montres, qu' il avait montées avec une si grande sollicitude, lui
Uhren die er hatte zusammengebaut mit einer so großen Fürsorge [zu] ihm

revenir de toutes parts.
zurückkommen von allen Teilen [Seiten]

Or, il était certain que ces montres s' arrêtaient subitement et sans
Nun es war sicher dass diese Uhren stehen blieben plötzlich und ohne

aucune raison apparente. Les rouages étaient en bon état et
keinen Grund sichtbaren Die Zahnräder waren in gutem Zustand und

parfaitement établis, mais les ressorts avaient perdu toute élasticité.
perfekt eingerichtet aber die Federn hatten verloren alle Elastizität

L' horloger essaya vainement de les remplacer: les roues demeurèrent
Der Uhrmacher versuchte vergeblich zu sie ersetzen die Räder blieben

immobiles. Ces dérangements inexplicables firent un tort immense
unbeweglich Diese Störungen unerklärlichen machten einen Schaden unermesslichen

à maître Zacharius. Ses magnifiques inventions avaient laissé maintes
zu Meister Zacharius Seine wunderschönen Erfindungen hatten gelassen manche

fois planer sur lui des soupçons de sorcellerie, qui reprirent dès lors
Male schweben auf ihm [---] Verdachte von Hexerei die wieder einnahmen seitdem

consistance. Le bruit en parvint jusqu' à Gérande, et elle trembla
Festigkeit Der Lärm davon gelangte bis zu Gérande und sie zitterte

les soupcons qui reprirent dès lors consistence = die Verdächtigungen, die nun wieder Nahrung erhalten hatten

souvent pour son père, lorsque des regards malintentionnés se
oft für ihren Vater wenn [---] Blicke böswillige sich

fixaient sur lui.
festmachten auf ihn

Cependant, le lendemain de cette nuit d' angoisses, maître Zacharius
Jedoch   am Tag darauf   von dieser Nacht von   Angst   Meister   Zacharius

parut se remettre au travail avec quelque confiance. Le soleil du
schien sich wieder stellen an die Arbeit   mit   [---]   Vertrauen   Die   Sonne von dem

matin lui rendit quelque courage. Aubert ne tarda pas à le rejoindre à
Morgen ihm zurückgab   [---]   Mut   Aubert   nicht zögerte nicht zu ihn   treffen   in

son atelier et en reçut un bonjour plein d' affabilité.
seiner Werkstatt und darauf bekam ein Gutenmorgen   voll   von Freundlichkeit

«Je vais mieux, dit le vieil horloger. Je ne sais quels étranges maux de
Ich gehe   besser   sagte der   alte   Uhrmacher   Ich nicht weiß   welche seltsamen Schmerzen von

Je vais mieux = Mir geht es besser

tête m' obsédaient hier, mais le soleil a chassé tout cela avec les
Kopf mich   beherrschten gestern   aber   die Sonne hat gejagt   alles   das   mit   den

nuages de la nuit.
Wolken   von der Nacht

– Ma foi! maître, répondit Aubert, je n' aime la nuit ni pour vous,
Mein Glaube Meister   antwortete   Aubert   ich nicht liebe die Nacht weder für   Sie

ni pour moi!
noch für   mich

– Et tu as raison, Aubert! Si tu deviens jamais un homme supérieur,
Und du hast Recht   Aubert Wenn du   wirst   jemals   ein   Mann   höherer

tu comprendras que le jour t' est nécessaire comme la nourriture! Un
du   wirst verstehen   dass der Tag dir ist   notwendig   wie   die   Nahrung   Ein

savant de grand mérite est en droit   aux hommages
Gelehrter von großem Verdienst ist   in Recht [hat Anspruch auf ...] zu den   Würdigungen

du reste des hommes.
von dem Rest von den Menschen

– Maître, voilà le péché d' orgueil qui vous reprend.
Meister   das ist die Sünde von Hochmut   die   Sie   wieder nimmt

– De l' orgueil, Aubert! Détruis mon passé, anéantis mon présent,
Von dem Hochmut   Aubert   Zerstöre meine Vergangenheit vernichte   meine Gegenwart

dissipe mon avenir, et alors il me sera permis de vivre dans
zerstöre   meine Zukunft   und   dann   es mir wird sein   erlaubt   zu   leben   in

l' obscurité! Pauvre garçon, qui ne comprend pas les sublimes choses
der Dunkelheit   Armer   Junge   der nicht   versteht   nicht die   erhabenen   Sachen

auxquelles mon art se rattache tout entier! N' es-tu donc qu' un
auf die   meine Kunst zurückgeht   ganz vollkommen Nicht bist-du also [mehr] als   ein

outil entre mes mains?
Werkzeug zwischen meinen Händen

– Cependant, maître Zacharius, reprit Aubert, j' ai plus d' une fois
Jedoch   Meister   Zacharius   fuhr fort   Aubert   ich habe mehr als   ein   Mal

mérité vos compliments pour la manière dont j' ajustais les pièces les
vedient   Ihre   Komplimente   für   die   Art   in der   ich anpasste die   Teile   die

plus délicates de vos montres et de vos horloges!
meist empfindlichen von Ihren Uhren und von Ihren Uhren

la montre = die Uhr am Körper (Taschen-, Armbanduhr); l'horloge (f) = die Standuhr, Turmuhr etc.

– **Sans aucun doute, Aubert, répondit maître Zacharius, tu es un bon**
Ohne keinen Zweifel Aubert antwortete Meister Zacharius du bist ein guter

ouvrier que j' aime; mais, quand tu travailles, tu ne crois avoir entre
Arbeiter den ich liebe aber wenn du arbeitest du nicht glaubst haben zwischen

tes doigts que du cuivre, de l' or, de l' argent, et tu ne
deinen Fingern nichts anderes als von dem Kupfer von dem Gold von dem Silber und du nicht

sens pas ces métaux, palpiter comme une chair vivante!
fühlst nicht diese Metalle, pochen wie ein Fleisch lebendiges

Aussi, tu ne mourrais pas, toi, de la mort de tes oeuvres! »
Auch du nicht würdest sterben nicht, du, von dem Tod von deinen Werken

Maître Zacharius demeura silencieux après ces paroles; mais Aubert
Meister Zacharius blieb still nach diesen Worten aber Aubert

chercha à reprendre la conversation.
suchte zu wieder aufnehmen das Gespräch

«Par ma foi! maître, dit-il, j' aime à vous voir travaillant ainsi sans
Bei meinem Glauben Meister sagte-er ich liebe zu Sie sehen arbeitend so ohne

relâche! Vous serez prêt pour la fête de notre corporation, car je vois
Unterbrechung Sie werden sein bereit für das Fest von unserer Zunft denn ich sehe

que le travail de cette montre de cristal avance rapidement.
dass die Arbeit von dieser Uhr von Kristall vorangeht schnell

– **Sans doute, Aubert, s' écria le vieil horloger, et ce ne sera pas un**
Ohne Zweifel Aubert rief aus der alte Uhrmacher und das nicht wird sein nicht eine

mince honneur pour moi que d' avoir pu tailler et couper cette
geringe Ehre für mich dass zu haben gekonnt schleifen und schneiden dieses

matière qui a la dureté du diamant! Ah! Louis Berghem a bien fait de
Material das hat die Härte von dem Diamant Ah [Vorname] [Nachname] hat gut gemacht zu

Louis Berghem = Erfinder des modernen Diamantschleifens

perfectionner l' art des diamantaires, qui m' a permis de polir et
perfektionieren die Kunst von den Diamantenschleifern die mir hat erlaubt zu polieren und

percer les pierres les plus dures! »
durchbohren die Steine die meist harten

Maître Zacharius tenait en ce moment de petites pièces d' horlogerie
Meister Zacharius hielt in diesem Augenblick [...] kleine Teile von Uhrmacherei

en cristal taillé et d' un travail exquis. Les rouages, les pivots, le
in Kristall geschnitten und von einer Arbeit ausgezeichneten Die Zahnräder die Drehzapfen das

boîtier de cette montre étaient de la même matière, et, dans cette
Gehäuse von dieser Uhr waren von dem selben Material und in diesem

oeuvre de la plus grande difficulté, il avait déployé un talent
Werk   von der meist   großen   Schwierigkeit   er hatte aufgeboten ein Talent

inimaginable.
unvorstellbares

«N' est-ce pas, reprit-il, tandis que ses joues s' empourpraient, qu' il
Nicht ist-das nicht fuhr fort-er   während   seine Wangen sich   röteten   dass es

sera beau de voir palpiter cette montre à travers son enveloppe
wäre   schön zu sehen   pochen   diese   Uhr   durch   ihre   Hülle

transparente, et de pouvoir compter les battements de son coeur!
durchsichtige   und zu   können   zählen   die   Schläge von ihrem Herz

— Je gage, maître, répondit le jeune ouvrier, qu' elle ne   variera
Ich wette   Meister   antwortete der junge   Arbeiter   dass sie nicht   variiert

pas d' une seconde par an!
nicht von einer   Sekunde   pro Jahr

— Et tu gageras à coup sûr! Est-ce que je n' ai pas mis là le plus pur
Und du wirst wetten   sicher   Ist-das dass ich nicht habe nicht gelegt dort das meist reine

de moi-même? Est-ce que mon coeur varie, lui? »
von   mir-selbst   Ist-das dass mein   Herz variiert, es

Aubert n' osa pas lever les yeux sur son maître.
Aubert nicht wagte nicht heben die Augen auf seinen Meister

«Parle-moi franchement, reprit mélancoliquement le vieillard. Ne
Sprich-mir   offen   fuhr fort   schwermütig   der   Greis   Nicht

m'as-tu jamais pris pour un fou? Ne me crois-tu pas livré   parfois
mich hast-du   nie   genommen für einen Verrückten Nicht mich glaubst-du nicht ausgeliefert manchmal

à de désastreuses folies?   Oui, n' est-ce pas!   Dans les yeux de
zu [---] verheerenden Verrücktheiten Ja   nicht ist-das nicht [nicht wahr?]   In   den Augen von

ma   fille et dans les tiens, j' ai   lu souvent ma condamnation.
meiner Tochter und   in   den deinen ich habe gelesen oft   meine   Verurteilung

— Oh! s' écria-t-il avec douleur, n' être pas même compris des
Oh   rief aus-[---]-er mit Schmerz   nicht sein nicht einmal   verstanden von den

êtres que l' on aime le plus au monde! Mais à toi, Aubert, je te
Wesen die   [---] man liebt das meiste auf der   Welt   Aber zu dir   Aubert   ich dir

prouverai victorieusement que j' ai raison! Ne secoue pas la tête, car
werde beweisen   siegesreich   dass ich habe Recht   Nicht schüttle   nicht den Kopf   denn

tu seras stupéfié! Le jour où tu sauras m' écouter et me comprendre,
du wirst sein verblüfft   Der Tag wo du wirst können mir   zuhören und mich   verstehen

tu verras que j' ai découvert les secrets de l' existence, les secrets
du wirst sehen dass ich habe entdeckt   die Geheimnisse von dem Dasein   die Geheimnisse

de l' union mystérieuse de l' âme et   du corps! »
von der Verbindung geheimnisvollen von der Seele und von dem Körper

En parlant ainsi, maître Zacharius se montrait superbe de fierté. Ses
In sprechen   so   Meister Zacharius sich zeigte   hochmütig von Stolz   Seine

yeux brillaient d' un feu surnaturel, et l' orgueil lui courait à pleines
Augen glänzten von einem Feuer übernatürlichen und der Hochmut ihm rannte in vollen

veines. Et, en vérité, si jamais vanité eût pu être légitime, c' eût
Adern Und in Wahrheit wenn jemals Eitelkeit hätte gekonnt sein berechtigt das hätte

bien été celle de maître Zacharius!
wohl gewesen die von Meister Zacharius

En effet, l' horlogerie, jusqu' à lui, était presque demeurée dans
In der Tat die Uhrmacherei bis zu ihm war fast geblieben in

l' enfance de l' art. Depuis le jour où Platon, quatre cents ans avant
der Kindheit von der Kunst Seit dem Tag wo Platon vier hundert Jahre vor

l' ère chrétienne, inventa l' horloge nocturne, sorte de clepsydre qui
der Ära christlichen erfand die Uhr nächtliche Art von Wasseruhr die

indiquait les heures de la nuit par le son et le jeu d' une flûte, la
anzeigte die Stunden von der Nacht durch den Ton und das Spiel von einer Flöte die

science resta presque stationnaire. Les maîtres travaillèrent plutôt l'
Wissenschaft blieb fast unverändert Die Meister arbeiteten eher [an] der

art que la mécanique, et ce fut l' époque des belles horloges en fer, en
Kunst als der Mechanik und das war die Epoche von den schönen Uhren in Eisen in

cuivre, en bois, en argent, qui étaient finement sculptées, comme
Kupfer in Holz in Silber die waren geschickt geformt wie

une aiguière de Cellini. On avait un chef-d' oeuvre de ciselure, qui
eine Wasserkanne von [Nachname] Man hatte ein Meisterwerk von Ziselieren das

la ciselure = Art von Metallbearbeitung (Verzierung)

mesurait le temps d' une façon fort imparfaite, mais on avait un
maß die Zeit von einer Art sehr unvollkommenen aber man hatte ein

chef- d' oeuvre. Quand l' imagination de l' artiste ne se tourna plus
Meisterwerk Als die Fantasie von dem Künstler nicht sich drehte nicht mehr

du côté de la perfection plastique, elle s' ingénia à créer ces
von der Seite von der Vollendung plastischen sie setzte alles daran zu schaffen diese

horloges à personnages mouvants, à sonneries mélodiques, et dont
Uhren mit Figuren [sich] bewegenden mit Läutwerken melodischen und davon

la mise en scène était réglée d' une façon fort divertissante.
die Inszenierung war geregelt von einer Art sehr unterhaltsamen

Au surplus, qui s' inquiétait, à cette époque, de régulariser la marche
Im Übrigen wer sich sorgte in dieser Epoche zu regulieren den Lauf

du temps?
von der Zeit

Les délais de droit n' étaient pas inventés; les sciences physiques et
Die Fristen von Recht nicht waren nicht erfunden die Wissenschaften physikalischen und

le délai de droit = die gesetzliche Verjährungsfrist

astronomiques n' établissaient pas leurs calculs sur des mesures
astronomischen nicht errichteten nicht ihre Berechnungen auf [---] Messungen

scrupuleusement exactes; il n' y avait ni établissements fermant à
peinlich genau exakten es nicht dort hatte weder Ladengeschäfte schließend zu

heure fixe, ni convois partant à la seconde. Le soir, on sonnait le
Stunde fester noch Züge abfahrend zu der Sekunde Den Abend man läutete die

couvre-feu, et la nuit, on criait les heures au milieu du silence.
Sperrstunde und die Nacht man rief die Stunden in der Mitte von der Stille

Certes, on vivait moins de temps, si l' existence se mesure à la
Sicherlich man lebte weniger von Zeit wenn das Dasein sich misst an der

quantité des affaires faites, mais on vivait mieux. L' esprit
Anzahl von den Angelegenheiten gemachten aber man lebte besser Der Geist

s' enrichissait de ces nobles sentiments nés de la contemplation des
sich bereicherte von diesen edlen Gefühlen geboren von der Betrachtung von den

chefs-d' oeuvre, et l' art ne se faisait pas à la course. On bâtissait
Meisterwerken und die Kunst nicht sich machte nicht in dem Rennen Man baute

une église en deux siècles; un peintre ne faisait que quelques
eine Kirche in zwei Jahrhunderten ein Maler nicht machte außer einige

tableaux en sa vie; un poëte ne composait qu' une oeuvre éminente,
Gemälde in seinem Leben ein Dichter nicht verfasste außer ein Werk hervorragendes

mais c' étaient autant de chefs-d' oeuvre que les siècles se
aber das waren genauso viele [---] Meisterwerke die die Jahrhunderte sich

chargeaient d' apprécier.
kümmerten zu schätzen

Lorsque les sciences exactes firent enfin des progrès, l' horlogerie
Als die Wissenschaften exakten machten schließlich [---] Fortschritte die Uhrmacherei

suivit leur essor, bien qu' elle fût toujours arrêtée par une
folgte ihrem Aufschwung obwohl sie war immer [noch] gebremst durch eine

insurmontable difficulté: la mesure régulière et continue du temps.
unüberwindliche Schwierigkeit die Messung regelmäßige und fortlaufende von der Zeit

Or, ce fut au milieu de cette stagnation que maître Zacharius inventa
Nun das war in der Mitte von diesem Stillstand dass Meister Zacharius erfand

l' échappement, qui lui permit d' obtenir une régularité
die Hemmung die ihm erlaubte zu erhalten eine Regelmäßigkeit

mathématique, en soumettant le mouvement du pendule à une force
mathematische in unterwerfend die Bewegung von dem Pendel zu einer Kraft

constante. Cette invention avait tourné la tête du vieil horloger.
konstanten Diese Erfindung hatte gedreht den Kopf von dem alten Uhrmacher

L' orgueil, montant dans son coeur, comme le mercure dans le
Der Hochmut aufsteigend in seinem Herz wie das Quecksilber in dem

thermomètre, avait atteint la température des folies transcendantes.
Thermometer hatte erreicht die Temperatur von den Verrücktheiten überragenden

Par analogie, il s' était laissé aller à des conséquences matérialistes,
Dementsprechend er sich war gelassen gehen zu [---] Folgerungen materialistischen

Se laisser aller à quelquechose = sich zu etwas hinreißen lassen

et, en fabriquant ses montres, il s' imaginait avoir surpris les secrets
und in herstellend seine Uhren er sich einbildete haben aufgedeckt die Geheimnisse

de l' union de l' âme au corps.
von der Einheit von der Seele in dem [und] Körper

Aussi, ce jour-là, voyant qu' Aubert l' écoutait avec attention, il lui
Auch diesen Tag-da, sehend dass Aubert ihm zuhörte mit Aufmerksamkeit, er ihm

dit d' un ton simple et convaincu:
sagte von einem Ton einfachen und überzeugten

«Sais-tu ce qu' est la vie, mon enfant? As-tu compris l' action de ces
Weißt-du das was ist das Leben mein Kind Hast-du verstanden die Wirkung von diesen

ressorts qui produisent l' existence? As-tu regardé dans toi-même?
Federn die erzeugen das Dasein Hast-du geschaut in dich-selbst

Non, et pourtant, avec les yeux de la science, tu aurais vu le
Nein und dennoch mit den Augen von der Wissenschaft du hättest gesehen den

rapport intime qui existe entre l' oeuvre de Dieu et la mienne, car
Zusammenhang geheimen der besteht zwischen dem Werk von Gott und dem meinen denn

c' est sur sa créature que j' ai copié la combinaison des rouages de
das ist auf seinem Geschöpf dass ich habe kopiert die Verbindung von den Zahnrädern von

mes horloges.
meinen Uhren

— Maître, reprit vivement Aubert, pouvez-vous comparer une machine
Meister fuhr fort lebhaft Aubert können-Sie vergleichen eine Maschine

de cuivre et d' acier à ce souffle de Dieu nommé l' âme, qui anime les
von Kupfer und von Stahl zu dem Atem von Gott genannt die Seele die belebt die

corps, comme la brise communique le mouvement aux fleurs? Peut-il
Körper wie die Brise überträgt die Bewegung zu den Blumen Kann-es

exister des roues imperceptibles qui fassent mouvoir nos jambes et
existieren [---] Räder nicht wahrnehmbare die machen bewegen unsere Beine und

nos bras? Quelles pièces seraient si bien ajustées qu' elles
unsere Arme Welche Teile wären so gut angepasst dass sie

engendrassent les pensées en nous?
erzeugten die Gedanken in uns

— Là n' est pas la question, répondit doucement maître Zacharius,
Dort nicht ist nicht die Frage antwortete sanft Meister Zacharius

mais avec l' entêtement de l' aveugle qui marche à l' abîme. Pour me
aber mit dem Starrsinn von dem Blinden der geht in den Abgrund Um mich

comprendre, rappelle-toi le but de l' échappement que j' ai inventé.
verstehen erinnere-dich des Ziels von der Hemmung die ich habe erfunden

Quand j' ai vu l' irrégularité de la marche d' une horloge, j' ai
Wenn ich habe gesehen die Unregelmäßigkeit von dem Gang von einer Uhr ich habe

compris que le mouvement renfermé en elle ne suffisait pas et qu' il
verstanden dass die Bewegung eingeschlossen in ihr nicht reichte nicht und dass es

fallait le soumettre à la régularité d' une autre force indépendante.
brauchte sie unterwerfen zu der Regelmäßigkeit von einer anderen Kraft unabhängigen

il fallait = man musste

23

J' ai donc pensé que le balancier pourrait me rendre ce service, si
Ich habe also gedacht dass das Pendel könnte mir geben diesen Dienst wenn

j' arrivais à régulariser ses oscillations! Or, ne fut-ce pas une idée
ich erreichte zu regulieren seine Schwingungen Nun nicht war-das nicht eine Idee

sublime de lui faire rendre sa force perdue par ce mouvement
erhabene zu es machen wiedergeben seine Kraft verlorene durch diese Bewegung

même de l' horloge, qu' il était chargé de réglementer? »
selbe von der Uhr die es war beauftragt zu regeln

"lui / il" bezieht sich auf "le balancier"

Aubert fit un signe d' assentiment. «Maintenant, Aubert, continua
Aubert machte ein Zeichen von Zustimmung Jetzt Aubert fuhr fort

le vieil horloger en s' animant, jette un regard sur toi-même! Ne
der alte Uhrmacher in sich belebend wirf einen Blick auf dich-selbst Nicht

comprends-tu donc pas qu' il y a deux forces distinctes en nous:
verstehst-du also nicht dass es dort hat zwei Kräfte verschiedene in uns

celle de l' âme et celle du corps, c' est-à-dire un mouvement et un
die von der Seele und die von dem Körper das ist-zu-sagen eine Bewegung und ein

régulateur? L' âme est le principe de la vie: donc c' est le
Regulator Die Seele ist das Prinzip von dem Leben also das ist die

mouvement. Qu' il soit produit par un poids, par un ressort ou par
Bewegung Dass sie ist erzeugt durch ein Gewicht durch eine Feder oder durch

une influence immatérielle, il n' en est pas moins au coeur. Mais,
einen Einfluss immateriellen sie nicht davon ist nicht weniger in dem Herz Aber

sans le corps, ce mouvement serait inégal, irrégulier, impossible!
ohne den Körper diese Bewegung wäre ungleich unregelmäßig unmöglich

Aussi le corps vient-il régler l' âme, et, comme le balancier, est-il
Auch der Körper kommt-er regeln die Seele und wie das Pendel ist-er

soumis à des oscillations régulières. Et ceci est tellement vrai, que
unterworfen zu [---] Schwingungen regelmäßigen Und dies hier ist so wahr dass

l' on se porte mal lorsque le boire, le manger, le sommeil, en un
[---] man sich trägt schlecht wenn das Trinken das Essen der Schlaf in einem

on se porte mal = es geht einem schlecht

mot les fonctions du corps ne sont pas convenablement réglées! Ainsi
Wort die Funktionen von dem Körper nicht sind nicht ordentlich geregelt So

que dans mes montres, l' âme rend au corps la force perdue par ses
wie in meinen Uhren die Seele gibt zu dem Körper die Kraft verlorene durch ihre

oscillations. Eh bien! qui produit donc cette union intime du corps
Schwingungen Nun gut wer erzeugt also diese Einheit innere von dem Körper

et de l' âme, sinon un échappement merveilleux, par lequel les
und von der Seele wenn nicht eine Hemmung wunderbare durch die die

rouages de l' un viennent s' engrener dans les rouages de l' autre?
Zahnräder von dem einen kommen sich verzahnen in den Zahnrädern von dem anderen

24

Or, voilà ce que j' ai deviné, appliqué, et il n' y a   plus de
Nun das ist das was ich habe erraten durchgeführt und es nicht dort hat nicht mehr von

secrets   pour moi dans cette vie, qui n' est, après tout, qu' une
Geheimnissen für mich in diesem Leben das nicht ist nach allem außer eine

ingénieuse mécanique! »
  geniale   Mechanik

Maître Zacharius était sublime à   voir   dans cette hallucination, qui
Meister Zacharius war   erhaben zu [anzu]sehen in dieser Halluzination die

le transportait jusqu' aux derniers mystères de l' infini.   Mais sa
ihn   brachte   bis zu den letzten   Rätseln von dem Unendlichen Aber seine

fille Gérande, arrêtée   sur le seuil de la porte, avait tout entendu.
Tochter Gérande stehen geblieben auf der Schwelle von der Tür hatte alles gehört

Elle se précipita dans les bras de son père, qui la pressa
 Sie sich stürzte in die Arme von ihrem Vater der sie drückte

convulsivement sur son sein. «Qu' as-tu, ma fille? lui demanda
  krampfhaft   auf [an] seine Brust   Was hast-du meine Tochter sie   fragte

maître Zacharius.
 Meister Zacharius

– Si je n' avais qu' un ressort ici, dit-elle en mettant la main sur son
Wenn ich nicht hätte außer eine Feder hier sagte-sie in legend ihre Hand auf ihr

coeur, je ne vous aimerais pas tant, mon père! » Maître Zacharius
Herz ich nicht Sie liebte nicht so mein Vater Meister Zacharius

regarda fixement sa fille et ne répondit pas. Soudain, il poussa un
 sah an   starr seine Tochter und nicht antwortete nicht Plötzlich er stieß aus einen

 cri, porta vivement la main à son coeur et tomba défaillant sur son
Schrei führte schnell die Hand an sein Herz und fiel kraftlos auf seinen

vieux fauteuil de cuir.
  alten Sessel von Leder

«Mon père! qu' avez-vous?   – Du secours! s' écria Aubert.
 Mein Vater was haben-Sie   Von der [Zu] Hilfe rief aus Aubert

Scholastique! » Mais Scholastique n' accourut pas aussitôt. On avait
 Scholastique   Aber Scholastique nicht eilte herbei nicht sofort Man hatte

heurté le marteau de la porte d' entrée. Elle était allée ouvrir, et
geklopft den Türklopfer von der Tür von Eingang Sie war gegangen öffnen und

quand elle revint à l' atelier, avant qu' elle eût ouvert la bouche, le
 als sie zurückkam in die Werkstatt bevor sie hatte geöffnet den Mund der

vieil horloger, ayant   repris ses sens, lui disait:
 alte Uhrmacher habend wieder gefasst seine Sinne ihr sagte

«Je devine, ma vieille Scholastique, que tu m' apportes encore une de
 Ich errate meine alte Scholastique dass du mir bringst noch eine von

ces montres maudites qui s' est arrêtée! – Jésus! C' est pourtant la
diesen Uhren verdammten die ist stehen geblieben Jesus Das ist doch die

vérité, répondit Scholastique, en remettant une montre à Aubert.
Wahrheit antwortete Scholastique in überreichend eine Uhr an Aubert

– Mon coeur ne peut pas se tromper! » dit le vieillard avec un soupir.
Mein Herz nicht kann nicht sich irren sagte der Alte mit einem Seufzer

Cependant, Aubert avait remonté la montre avec le plus grand
Währenddessen Aubert hatte aufgezogen die Uhr mit der meist großen

soin, mais elle ne marchait plus.
Sorgfalt aber sie nicht ging nicht mehr

III – UNE VISITE ÉTRANGE
Ein Besuch seltsamer

La pauvre Gérande aurait vu sa vie s' éteindre avec celle de son père,
Die arme Gérande hätte gesehen ihr Leben erlöschen mit dem von ihrem Vater

sans la pensée d' Aubert qui la rattachait au monde. Le vieil horloger
ohne den Gedanken von Aubert der sie verband an die [mit der] Welt Der alte Uhrmacher

s' en allait peu à peu. Ses facultés tendaient évidemment à
sich darin ging allmählich Seine Fähigkeiten tendierten offensichtlich zu

s'en aller = hier: schwächer werden

s' amoindrir en se concentrant sur une pensée unique. Par une
sich verringern in sich konzentrierend auf einen Gedanken einzigen Durch eine

funeste association d' idées, il ramenait tout à sa monomanie, et la
verhängnisvolle Verbindung von Ideen er zurückführte alles auf seine Zwangsvorstellung und das

vie terrestre semblait s' être retirée de lui pour faire place à cette
Leben irdische schien sich sein zurückgezogen von ihm für machen Platz zu diesem

existence extra-naturelle des puissances intermédiaires. Aussi,
Dasein übernatürlichen von den Mächten dazwischenliegenden Auch

quelques rivaux malintentionnés ravivèrent-ils les bruits diaboliques
einige Rivalen böswillige schürten-sie die Gerüchte teuflischen

qui avaient été répandus sur les travaux de maître Zacharius.
die hatten gewesen verbreitet über die Arbeiten von Meister Zacharius

La constatation des dérangements inexplicables qu' éprouvaient ses
Die Feststellung von den Störungen unerklärlichen die erfuhren seine

montres fit un effet prodigieux parmi les maîtres horlogers de Genève.
Uhren machte eine Wirkung ungeheuere unter den Meistern Uhrmachern von Genf

Que signifiait cette soudaine inertie de leurs rouages, et pourquoi ces
Was bedeutete diese plötzliche Trägheit von ihren Zahnrädern und warum diese

bizarres rapports qu' elles paraissaient avoir avec la vie de
merkwürdigen Berichte dass sie schienen haben [zu tun] mit dem Leben von

Zacharius? C' étaient là de ces mystères que l' on n' envisage jamais
Zacharius Das waren da [---] diese Rätsel denen [---] man nicht entgegensieht nie

26

sans une secrète terreur. Dans les diverses classes de la ville, depuis
ohne ein heimliches Entsetzen In den verschiedenen Ständen von der Stadt von

l' apprenti jusqu' au seigneur qui se servaient des montres du vieil
dem Lehrling bis zu dem Herrn die sich bedienten von den Uhren von dem alten

horloger, il ne fut personne qui ne pût juger par lui-même de la
Uhrmacher es nicht war niemand der nicht konnte urteilen für ihn-selbst von der

singularité du fait. On voulut, mais en vain, pénétrer jusqu' à
Einzigartigkeit von dem Ereignis Man wollte aber vergebens vordringen bis zu

maître Zacharius. Celui-ci tomba fort malade, – ce qui permit à sa
Meister Zacharius Dieser-hier fiel sehr krank das was erlaubte zu seiner

tomber malade = erkranken

fille de le soustraire à ces visites incessantes, qui dégénéraient en
Tochter von ihn bewahren zu diesen Besuchen ständigen die ausarteten in

reproches et en récriminations.
Vorwürfe und in Beschwerden

Les médecines et les médecins furent impuissants vis-à-vis de ce
Die Arzneien und die Ärzte waren ohnmächtig gegenüber von diesem

dépérissement organique, dont la cause échappait. Il semblait parfois
Dahinsiechen organischen von dem die Ursache entkam Es schien manchmal

La cause échappait = Die Ursache wurde nicht gefunden

que le coeur du vieillard cessât de battre, et puis ses battements
dass das Herz von dem Alten aufhörte zu schlagen und dann seine Schläge

reprenaient avec une inquiétante irrégularité. La coutume existait
wiederaufnahmen mit einer beunruhigenden Unregelmäßigkeit Der Brauch bestand

de soumettre les oeuvres des maîtres à l' appréciation du
zu unterwerfen die Werke von den Meistern zu der Beurteilung von dem

peuple. Les chefs des différentes corporation cherchaient à se
Volk Die Chefs von den verschiedenen Innungen suchten zu sich

distinguer par la nouveauté ou la perfection de leurs ouvrages, et ce
auszeichnen durch die Neuheit oder die Perfektion von ihren Werken und dies

fut parmi eux que l' état de maître Zacharius rencontra la plus
war unter ihnen dass der Zustand von Meister Zacharius traf das meist

bruyante pitié, mais une pitié intéressée. Ses rivaux le plaignaient
laute Mitleid aber ein Mitleid interessiertes Seine Rivalen ihn bedauerten

d' autant plus volontiers qu' ils le redoutaient moins. Ils se
von [um] so mehr gern als sie ihn fürchteten weniger Sie sich

souvenaient toujours des succès du vieil horloger, quand il exposait
erinnerten noch von den Erfolgen von dem alten Uhrmacher als er ausstellte

ces magnifiques horloges à sujets mouvants, ces montres à sonnerie,
diese wunderbaren Uhren mit Figuren [sich] bewegenden diese Uhren mit Läutwerk

qui faisaient l' admiration générale et atteignaient de si hauts prix
die machten die Bewunderung allgemeine und erreichten [---] so hohe Preise

dans les villes de France, de Suisse et d' Allemagne.
in den Städten von Frankreich von Schweiz und von Deutschland

Cependant, grâce aux soins constants de Gérande et d' Aubert, la
Jedoch dank zu der Pflege ständigen von Gérande und von Aubert die

santé de maître Zacharius parut se raffermir un peu, et au milieu
Gesundheit von Meister Zacharius schien sich wieder [zu] stärken ein bisschen und in der Mitte

de cette quiétude que lui laissa sa convalescence, il parvint à se
von dieser Ruhe die ihm ließ seine Genesung er erreichte zu sich

détacher des pensées qui l' absorbaient. Dès qu' il put marcher, sa
lösen von den Gedanken die ihn einnahmen Sobald er konnte gehen seine

fille l' entraîna hors de sa maison, où les clients mécontentes
Tochter ihn mitschleppte außerhalb von seinem Haus wo die Kunden unzufriedenen

affluaient sans cesse. Aubert, lui, demeurait à l' atelier, montant
zusammenstürmten ohne Unterlass Aubert er blieb in der Werkstatt zusammenbauend

et remontant inutilement ces montres rebelles, et le pauvre
und wieder zusammenbauend vergeblich diese Uhren widerspenstigen und der arme

garçon, n' y comprenant rien, se prenait quelquefois la tête à deux
Junge nicht dort verstehen nichts sich nahm manchmal den Kopf in zwei

mains, avec la crainte de devenir fou comme son maître.
Hände mit der Furcht von werden verrückt wie sein Meister

Gérande dirigeait alors les pas de son père vers les plus riantes
Gérande führte also die Schritte von ihrem Vater zu den meist angenehmen

promenades de la ville. Soutenant le bras de maître Zacharius,
Spazierwegen von der Stadt Unterstützend den Arm von Meister Zacharius

elle prenait par Saint-Antoine, d' où la vue s' étend sur le
sie nahm [den Weg] über Sankt-Antoine von wo der Blick sich ausstreckte auf den

coteau de Cologny et sur le lac. Quelquefois, par les belles matinées,
Weinberg von [Dorf bei Genf] und auf den See Manchmal an den schönen Morgen

on pouvait apercevoir les pics gigantesques du mont Buet se dresser à
man konnte erkennen die Spitzen gigantischen von dem Berg [Berg] sich erheben an

l' horizon. Gérande nommait par leur nom tous ces lieux presque
dem Horizont Gérande nannte bei ihrem Namen alle diese Orte fast

oubliés de son père, dont la mémoire semblait déroutée, et celui-ci
vergessen von ihrem Vater von dem das Gedächtnis schien verwirrt und dieser-hier

éprouvait un plaisir d' enfant à apprendre toutes ces choses, dont le
empfand ein Vergnügen von Kind zu lernen alle diese Sachen von denen die

souvenir s' était égaré dans sa tête. Maître Zacharius s' appuyait sur
Erinnerung sich war verirrt in seinem Kopf Meister Zacharius sich drückte an

sa fille, et ces deux chevelures, blanche et blonde, se confondaient
seine Tochter und diese zwei Haare weiß und blond gingen ineinander über

dans le même rayon de soleil.
in den selben Strahl von Sonne

Il arriva aussi que le vieil horloger s' aperçut enfin qu' il n' était pas
Es kam auch dass der alte Uhrmacher bemerkte schließlich dass er nicht war nicht

seul en ce monde. En voyant sa   fille jeune et belle, lui vieux et
allein in dieser Welt   In   sehend seine Tochter jung und schön   ihn   alt   und

brisé,   il songea qu' après sa mort elle resterait seule, sans appui, et
gebrochen er dachte dass nach seinem Tod   sie   blieb   allein   ohne Stütze und

il regarda autour de lui et autour d' elle.   Bien   des jeunes ouvriers
er schaute   um   sich und   um   sie   Viele von den jungen Arbeitern

de Genève avaient déjà   courtisé Gérande; mais aucun n' avait eu
von   Genf   hatten   schon den Hof gemacht Gérande   aber   keiner nicht hatte gehabt

accès dans la retraite impénétrable où vivait la famille de l' horloger.
Zugang   in den Zufluchtsort undurchdringlichen wo lebte die Familie von dem Uhrmacher

Il fut donc tout naturel que, pendant cette éclaircie de son cerveau, le
Es war also ganz natürlich dass   während dieser Erhellung von seinem Gehirn   die

choix du vieillard s' arrêtât sur Aubert Thün. Une fois lancé sur cette
Wahl von dem Alten   blieb stehen auf Aubert Thün   Ein Mal gebracht auf diesen

pensée, il remarqua que ces deux jeunes gens avaient été élevés dans
Gedanken er   bemerkte   dass diese zwei   jungen Leute   hatten gewesen erzogen in

les mêmes idées et les mêmes croyances, et les oscillations de leur
den gleichen Ideen und den gleichen   Glauben   und die Schwingungen von ihrem

coeur lui parurent «isochrones», comme il le dit un jour à
Herz ihm schienen   isochron   wie   er es sagte eines Tages zu

isochron (aus der Physik) = gleich lang dauernd (Periodendauer)

Scholastique.
Scholastique.

La vieille servante, littéralement enchantée du mot, bien qu' elle ne le
Die alte   Dienerin   buchstäblich   erfreut von dem Wort obwohl   sie nicht das

comprît pas, jura par sa sainte patronne que la ville entière le saurait
verstand nicht schwörte bei ihrer heiligen Patronin dass die Stadt ganze es wisse

avant un quart d' heure. Maître Zacharius eut grand' peine à la
vor einer Viertel von Stunde Meister   Zacharius   hatte große   Mühe zu sie

calmer, et obtint d' elle enfin de garder sur cette communication un
beruhigen und erhielt von ihr schließlich zu bewahren über dieses   Gespräch   eine

silence qu' elle ne tint jamais. Si bien qu' à l' insu de Gérande et
Ruhe   die sie nicht hielt nie   Sodass   ohne das Wissen von Gérande und

d' Aubert, on causait déjà dans tout Genève de leur union prochaine.
von Aubert   man plauderte schon in   ganz   Genf von ihrer Vereinigung kommenden

Mais il advint aussi que, pendant ces conversations, on entendait
Aber es geschah auch dass   während diesen Gesprächen   man   hörte

souvent un ricanement singulier et une voix qui disait: «Gérande
oft   ein   Kichern   sonderliches und eine Stimme die sagte   Gérande

n' épousera pas Aubert. » Si les causeurs se retournaient, ils se
nicht wird heiraten nicht Aubert   Wenn die Plauderer   sich   umdrehten   sie sich

trouvaient en face d' un petit vieillard qu' ils ne connaissaient pas.
fanden in Gesicht von einem kleinen Alten   den sie nicht   kannten   nicht

en face = gegenüber

Quel âge avait cet être singulier? Personne n' eût pu le dire!
Welches Alter hatte dieses Geschöpf sonderbare Niemand nicht hätte können das sagen

On devinait qu' il devait exister depuis un grand nombre de siècles,
Man erriet dass er musste existieren seit einer großen Anzahl von Jahrhunderten

mais voilà tout. Sa grosse tête écrasée reposait sur des épaules dont
aber das war alles Sein dicker Kopf plattgedrückter ruhte auf [---] Schultern von denen

la largeur égalait la hauteur de son corps, qui ne dépassait pas trois
die Breite gleichkam der Höhe von seinem Körper der nicht überstieg nicht drei

pieds. Ce personnage eût fait bonne figure sur un support de
Fuß Diese Person hätte gemacht gute Figur auf [als] einem Sockel von

1 pied = etwa 30 cm

pendule, car le cadran se fût naturellement placé sur sa face, et le
Standuhr denn das Zifferblatt sich wäre natürlich platziert auf seinem Gesicht und das

balancier aurait oscillé à son aise dans sa poitrine. On eût volontiers
Pendel hätte geschwungen bequem in seiner Brust Man hätte gern

pris son nez pour le style d' un cadran solaire, tant il était mince et
genommen seine Nase für den Stab von dem Zifferblatt solaren so sehr sie war klein und

aigu; ses dents, écartées et à surface épicycloïque, ressemblaient
spitz seine Zähne auseinander[stehend] und auf Oberfläche epizykloid ähnelten

aux engrenages d' une roue et grinçaient entre ses lèvres; sa voix
zu den Zahnradgetrieben von einem Rad und knirschten zwischen seinen Lippen seine Stimme

avait le son métallique d' un timbre, et l' on pouvait entendre son
hatte den Klang metallischen von einer Klingel und [---] man konnte hören sein

coeur battre comme le tic-tac d' une horloge.
Herz schlagen wie das Tick-Tack von einer Uhr

Ce petit homme, dont les bras se mouvaient à la manière des
Dieser kleine Mann von dem die Arme sich bewegten in der Art von den

aiguilles sur un cadran, marchait par saccades, sans se retourner
Nadeln auf einem Zifferblatt ging ruckweise ohne sich umdrehen

les aiguilles = hier: die Zeiger

jamais. Le suivait-on, on trouvait qu' il faisait une lieue par heure et
jemals Ihm folgte-man man fand dass er machte eine Meile pro Stunde und

que sa marche était à peu près circulaire. Il y avait peu de temps que
dass sein Gang war ungefähr kreisförmig Es dort hatte wenig von Zeit dass

il y avait peu de temps que ... = es war erst seit kurzer Zeit, dass ...

cet être bizarre errait ainsi, ou plutôt tournait par la ville; mais on
dieses Geschöpf seltsame umherzog so oder vielmehr kreiste durch die Stadt aber man

avait pu observer déjà que chaque jour, au moment où le soleil
hatte gekonnt beobachten schon dass jeden Tag in dem Moment wo die Sonne

passait au méridien, il s' arrêtait devant la cathédrale de Saint Pierre,
vorbeiging an dem Meridian er blieb stehen vor der Kathedrale von Sankt Peter

et qu' il reprenait sa route après les douze coups de midi. Hormis
und dass er wieder aufnahm seinen Weg nach den zwölf Schlägen von Mittag Außer

ce   moment précis, il semblait surgir dans toutes les conversations
diesem Moment   genauen   er   schien   auftauchen in   allen   den   Gesprächen

où l' on s' occupait du vieil horloger, et l' on se demandait, avec
wo [---] man sich beschäftigte von dem alten Uhrmacher und [---] man sich   fragte   mit

effroi,   quel rapport pouvait exister entre lui et maître Zacharius. Au
Entsetzen welches Verhältnis   konnte   bestehen zwischen ihm und Meister   Zacharius   In dem

surplus, on remarquait qu' il ne perdait pas de vue le vieillard et sa
Überschuss man   bemerkte   dass er nicht   verlor   nicht von Sicht den   Alten   und seine
au surplus = zudem;   ne perdre pas de vue = nicht aus dem Auge verlieren

fille pendant leurs promenades.
Tochter während   ihren   Spaziergängen

Un jour, sur la   Treille,   Gérande aperçut ce monstre qui la
Eines Tages   auf der [Promenade in Genf] Gérande   bemerkte dieses Monster   das sie

regardait en riant. Elle se pressa contre son père, avec un mouvement
anschaute   in lachend   Sie sich drückte   gegen   ihren Vater   mit einer   Bewegung

d' effroi. «Qu' as-tu, ma Gérande? demanda maître Zacharius. – Je
von Schrecken Was hast-du meine Gérande   fragte Meister   Zacharius   Ich

ne sais, répondit la jeune fille. – Je te trouve changée, mon enfant!
nicht weiß antwortete das junge Mädchen   Ich dich finde   verändert   mein   Kind

dit le vieil horloger. Voilà donc que tu vas tomber malade à ton tour?
sagte der alte   Uhrmacher   Das ist also   dass du wirst   fallen   krank in deiner Reihe
à ton tour = [ungefähr:] du bist dran

Eh bien! ajouta-t-il avec un triste sourire, il faudra   que je te soigne,
Nun gut   fügte hinzu-[---]-er mit einem traurigen Lächeln   es muss [sein] dass ich dich pflege

et je te soignerai bien. – Oh! mon père, ce ne   sera   rien. J' ai
und ich dich werde pflegen gut   Oh   mein Vater   das nicht wird sein nichts   Ich habe

froid, et j' imagine que c' est. . . . – Eh quoi, Gérande? – La
kalt   und ich vermute dass   das ist   Und   was   Gérande   Die

présence de cet homme qui nous suit sans cesse, » répondit-elle à voix
Gegenwart von diesem Mann   der uns   folgt ohne Unterlass   antwortete-sie mit Stimme

basse.
niedriger
à voix basse = mit leiser Stimme

Maître Zacharius se retourna vers   le petit vieillard. «Ma foi, il va
Meister   Zacharius sich umdrehte gegen [zu] den kleinen   Alten   Mein Glaube er geht

bien, dit-il avec un air de satisfaction, car il est justement quatre
gut   sagte-er mit einer Art von Zufriedenheit   denn es ist   genau   vier

heures. Ne crains rien, ma fille, ce n' est pas un homme, c' est une
Uhr   Nicht fürchte nichts meine Tochter das nicht ist nicht ein   Mann   das ist eine

horloge! » Gérande regarda son père avec terreur. Comment maître
Uhr   Gérande   sah an   ihren Vater   mit Entsetzen   Wie   Meister

Zacharius avait-il pu   lire l' heure sur le visage de cette étrange
Zacharius   hatte-er gekonnt lesen die Stunde auf dem Gesicht von dieser seltsamen

créature? «À propos, continua le vieil horloger, sans plus s'occuper
Kreatur Übrigens fuhr fort der alte Uhrmacher ohne mehr sich beschäftigen

de cet incident, je ne vois pas Aubert depuis quelques jours. – Il ne
von diesem Zwischenfall ich nicht sehe nicht Aubert seit einigen Tagen Er nicht

nous quitte cependant pas, mon père, répondit Gérande, dont les
uns verlässt jedoch nicht mein Vater antwortete Gérande von der die

pensées prirent une teinte plus douce. – Que fait-il, alors? – Il
Gedanken nahmen einen Farbton mehr zarten Was macht-er also Er

travaille, mon père. – Ah! s'écria le vieillard, il travaille à réparer
arbeitet mein Vater Ah rief aus der Alte er arbeitet zu reparieren

mes montres, n'est-il pas vrai? Mais il n'y parviendra jamais, car
meine Uhren nicht ist-es nicht wahr Aber er nicht dort wird erreichen niemals denn

ce n'est pas une réparation qu'il leur faut, mais bien une
das nicht ist nicht eine Reparation die es ihnen braucht aber wohl eine

résurrection! »
Auferweckung

Gérande demeura silencieuse. «Il faudra que je sache, ajouta le
Gérande blieb still Es wird brauchen dass ich weiß fügte hinzu der

vieillard, si l'on n'a pas encore rapporté quelques-unes de ces
Alte ob [---] man nicht hat nicht noch zurückgebracht welche von diesen

montres damnées sur lesquelles le diable a jeté une épidémie! »
Uhren verdammten auf die der Teufel hat geworfen eine Seuche

Puis, après ces mots, maître Zacharius tomba dans un mutisme
Dann nach diesen Worten Meister Zacharius fiel in eine Schweigsamkeit

absolu jusqu'au moment où il heurta la porte de son logis, et pour la
absolute bis zu dem Moment wo er stieß die Tür von seiner Wohnung und für das

première fois depuis sa convalescence, tandis que Gérande regagnait
erste Mal seit seiner Genesung während Gérande zurückging

tristement sa chambre, il descendit à son atelier. Au moment où il en
traurig [zu] ihrem Zimmer er stieg hinab zu seiner Werkstatt In dem Moment wo er davon

franchissait la porte, une des nombreuses horloges suspendues au
durchquerte die Tür eine von den zahlreichen Uhren hängenden an der

mur vint à sonner cinq heures. Ordinairement, les différentes
Wand kam zu läuten fünf Uhr Normalerweise die verschiedenen

sonneries de ces appareils, admirablement réglées, se faisaient
Läutwerke von diesen Geräten bewundernswert eingestellt sich machten

entendre simultanément, et leur concordance réjouissait le coeur du
hören gleichzeitig und ihre Übereinstimmung erfreute das Herz von dem

vieillard; mais, ce jour-là, tous ces timbres tintèrent les uns après les
Alten aber diesen Tag-da alle diese Glocken klingelten die einen nach den

autres, si bien que pendant un quart d'heure l'oreille fut assourdie
anderen sodass während einem Viertel von Stunde das Ohr war betäubt

32

par leurs bruits successifs. Maître Zacharius souffrait
von ihren Geräuschen aufeinanderfolgenden Meister Zacharius litt

affreusement; il ne pouvait tenir en place, il allait de l' une à l' autre
furchtbar er nicht konnte halten in Platz er ging von der einen zu der anderen
ne pas tenir en place = nicht stillsitzen können

de ces horloges, et il leur battait la mesure, comme un chef
von diesen Uhren und er ihnen schlug den Takt wie ein Chef

d' orchestre qui ne serait plus maître de ses musiciens.
von Orchester der nicht wäre nicht mehr Meister von seinen Musikern

Lorsque le dernier son s' éteignit, la porte de l' atelier s' ouvrit, et
Als der letzte Ton verstummte die Tür von der Werkstatt sich öffnete und

maître Zacharius frissonna de la tête aux pieds en voyant devant lui le
Meister Zacharius zitterte von dem Kopf zu den Füßen in sehend vor ihm den

petit vieillard, qui le regarda fixement et lui dit: «Maître, ne puis-je
kleinen Alten [von vorhin] der ihn ansah fest und ihm sagte Meister nicht kann-ich

m' entretenir quelques instants avec vous? – Qui êtes-vous?
mich unterhalten einige Augenblicke mit Ihnen Wer sind-Sie

demanda brusquement l' horloger. – Un confrère. C' est moi qui
fragte barsch der Uhrmacher Ein Kollege Das ist [bin] ich der

suis chargé de régler le soleil. – Ah! c' est vous qui réglez le soleil?
bin beauftragt von regeln die Sonne Aha! Das ist [sind] Sie der regelt die Sonne

répliqua vivement maître Zacharius sans sourciller. Eh bien! je
erwiderte lebhaft Meister Zacharius ohne mit der Wimper [zu] zucken Nun gut Ich

ne vous en complimente guère! Votre soleil va mal, et, pour nous
nicht Ihnen davon mache Komplimente kaum Ihre Sonne geht schlecht und für uns

trouver d' accord avec lui, nous sommes obligés tantôt d' avancer
finden von Übereinstimmung mit ihr wir sind gezwungen mal zu vorstellen

nos horloges et tantôt de les retarder!
unsere Uhren und mal zu sie nachstellen

– Et par le pied fourchu du diable! s' écria le monstrueux
Und bei dem Fuß gespaltenen von dem Teufel schrie auf die monströse

personnage, vous avez raison, mon maître! Mon soleil ne marque pas
Person Sie haben Recht mein Meister Meine Sonne nicht zeigt an nicht

toujours midi au même moment que vos horloges; mais, un jour, on
immer Mittag in dem selben Moment wie Ihre Uhren aber eines Tages man

saura que cela vient de l' inégalité du mouvement de translation de
wird wissen dass das kommt von der Ungleichheit von der Bewegung von Übertragung von

la terre, et l' on inventera un midi moyen qui réglera cette
der Erde und [---] man wird erfinden einen Mittag mittleren der wird regeln diese

irrégularité! – Vivrai-je encore à cette époque? demanda le vieil
Unregelmäßigkeit Werde leben-ich noch in dieser Epoche fragte der alte

33

horloger, dont les yeux s' animèrent. – Sans doute, répliqua le petit
Uhrmacher von dem die Augen sich belebten Ohne Zweifel erwiderte der kleine

vieillard en riant. Est-ce que vous pouvez croire que vous mourrez
Alte in lachend Ist-das was Sie können glauben dass Sie werden sterben

jamais? – Hélas! je suis pourtant bien malade! – Au fait, causons
jemals Ach Ich bin doch sehr krank Übrigens sprechen wir

de cela. Par Belzébuth! cela nous mènera à ce dont je veux vous
von dem Bei Beelzebub das uns wird führen zu dem von dem ich will Sie [mit Ihnen]

Beelzebub = Name des Teufels

parler. »
sprechen

Et ce disant, cet être bizarre sauta sans façon sur le vieux fauteuil
In das sagend dieses Geschöpf merkwürdige sprang ohne Manieren auf den alten Sessel

de cuir et ramena ses jambes l' une sous l' autre, à la façon de ces
von Leder und zog seine Beine das eine unter das andere in der Art von diesen

os décharnés que les peintres de tentures funéraires croisent sous
Knochen abgemagerten die die Maler von Behängen Begräbnis- kreuzten unter

la tenture funéraire = der Trauerbehang

les têtes de mort. Puis, il reprit d' un ton ironique: «Voyons, ça,
den Köpfen von Toter Dann er fuhr fort von einem Ton ironischen Sehen wir das

la tête de mort = der Totenkopf

maître Zacharius, que se passe-t-il donc dans cette bonne ville de
Meister Zacharius was geschieht-[---]-es also in dieser guten Stadt von

Genève? On dit que votre santé s' altère, que vos montres ont besoin
Genf Man sagt dass Ihre Gesundheit sich ändert dass Ihre Uhren haben Bedarf

de médecins! – Ah! vous croyez, vous, qu' il y a un rapport
von Ärzten Ah Sie glauben Sie dass es dort hat einen Zusammenhang

intime entre leur existence et la mienne! s' écria maître Zacharius.
inneren zwischen ihrem Leben und dem meinen rief aus Meister Zacharius

– Moi, j' imagine que ces montres ont des défauts, des vices même.
Ich ich vermute dass diese Uhren haben [---] Fehler [---] Mängel sogar

Si ces gaillardes-là n' ont pas une conduite fort régulière, il est
Wenn diese Kerle-da nicht haben nicht ein Gehen sehr regelmäßiges es ist

juste qu' elles portent la peine de leur dérèglement. Il m' est avis qu'
nur dass sie tragen die Strafe von ihrer Störung Es mir ist Meinung dass

Il m'est avis = es ist meine Meinung

elles auraient besoin de se ranger un peu!
sie hätten Bedarf zu sich ordnen ein bisschen

– Qu' appelez-vous des défauts? fit maître Zacharius, rougissant du
Was nennen-Sie [---] Fehler machte Meister Zacharius errötend von dem

ton sarcastique avec lequel ces paroles avaient été prononcées. Est-ce
Ton beißend spöttischen mit dem diese Worte hatten gewesen ausgesprochen Ist-das

34

qu' elles n' ont pas le droit d' être fières de leur origine? – Pas trop,
dass sie nicht haben nicht das Recht zu sein stolz von ihrer Herkunft Nicht zu sehr

pas trop! répondit le petit vieillard. Elles portent un nom célèbre, et
nicht zu sehr antwortete der kleine Alte Sie tragen einen Namen berühmten und

sur leur cadran est gravée une signature illustre, c' est vrai, et elles
auf ihrem Zifferblatt ist graviert eine Signatur berühmte das ist wahr und sie

ont le privilège exclusif de s' introduire parmi les plus nobles
haben das Privileg alleinige von sich einzuführen unter den meist edlen

s'introduire = sich Zutritt verschaffen

familles; mais, depuis quelque temps, elles se dérangent, et vous
Familien aber seit einiger Zeit sie sich stören und Sie

n' y pouvez rien, maître Zacharius, et le plus inhabile des
nicht dort können nichts Meister Zacharius und der meist ungeschickte von den

apprentis de Genève vous en remontrerait! – À moi, à moi,
Lehrlingen von Genf Ihnen darin würde seine Überlegenheit beweisen Zu mir zu mir

maître Zacharius! s' écria l' horloger avec un terrible mouvement
Meister Zacharius rief aus der Uhrmacher mit einer schrecklichen Bewegung

d' orgueil. – À vous, maître Zacharius, qui ne pouvez rendre la
von Hochmut Zu Ihnen Meister Zacharius der nicht kann zurückgeben das

vie à vos montres! – Mais c' est que j' ai la fièvre et qu' elles l' ont
Leben zu Ihren Uhren Aber das ist dass ich habe das Fieber und dass sie es haben

aussi! répondit le vieil horloger, tandis qu' une sueur froide lui
auch antwortete der alte Uhrmacher während ein Schweiß kalter ihm

courait par tous les membres.
lief durch alle die Glieder

– Eh bien! elles mourront avec vous, puisque vous êtes si empêché de
Nun gut sie werden sterben mit Ihnen da Sie sind so verhindert zu

redonner un peu d' élasticité à leurs ressorts! – Mourir! Non pas,
zurückgeben ein bisschen von Elastizität zu ihren Federn Sterben Nicht nicht

vous l' avez dit! Je ne peux pas mourir, moi, le premier horloger du
Sie das haben gesagt Ich nicht kann nicht sterben ich der erste Uhrmacher von der

monde, moi qui, au moyen de ces pièces et de ces rouages divers,
Welt ich der in der Mitte von diesen Teilen und von diesen Zahnrädern verschiedenen

au moyen = mittels

ai su régler le mouvement avec une précision absolue! N' ai-je
habe gekonnt regeln die Bewegung mit einer Präzision absoluten Nicht habe-ich

donc pas assujetti le temps à des lois exactes, et ne puis-je en
denn nicht unterworfen die Zeit zu [---] Gesetzen exakten und nicht kann-ich darüber

disposer en souverain? Avant qu' un sublime génie vînt disposer
verfügen uneingeschränkt Bevor ein erhabenes Génie kam einstellen

régulièrement ces heures égarées, dans quel vague immense était
regelmäßig diese Stunden verwirrten in welchen Strom enormen war

plongée la destinée humaine? À quel moment certain pouvaient se
getaucht das Schicksal menschliche Auf welchen Moment bestimmten konnten sich

rapporter les actes de la vie? Mais vous, homme ou diable, qui
beziehen die Handlungen von dem Leben Aber Sie Mensch oder Teufel der

que vous soyez, vous n' avez donc jamais songé à la magnificence de
der Sie sind Sie nicht haben also nie gedacht an die Pracht von

mon art, qui appelle toutes les sciences à son aide? Non! non! moi,
meiner Kunst die ruft alle die Wissenschaften zu ihrer Hilfe Nein Nein Ich

maître Zacharius, je ne peux pas mourir, car, puisque j' ai réglé le
Meister Zacharius ich nicht kann nicht sterben denn da ich habe geregelt die

temps, le temps finirait avec moi! Il retournerait à cet infini dont
Zeit die Zeit würde enden mit mir Sie würde zurückkehren in dieses Unendliche aus dem

mon génie a su l' arracher, et il se perdrait irréparablement dans le
mein Genie hat gekonnt sie herausreißen und sie sich verlöre unwiederbringlich in dem

gouffre du néant! Non, je ne puis pas plus mourir que le Créateur
Abgrund von dem Nichts Nein ich nicht kann nicht mehr sterben als der Schöpfer

de cet univers soumis à ses lois! Je suis devenu son égal, et
von diesem Universum unterworfen zu seinen Gesetzen Ich bin geworden sein Ebenbürtiger und

j' ai partagé sa puissance! Maître Zacharius a créé le temps, si
ich habe geteilt seine Macht Meister Zacharius hat geschaffen die Zeit wenn

Dieu a créé l' éternité. »
Gott hat geschaffen die Ewigkeit

Le vieil horloger ressemblait alors à l' ange déchu, se redressant
Der alte Uhrmacher ähnelte da zu dem Engel gefallenen sich erhebend

contre le Créateur. Le petit vieillard le caressait du regard, et
gegen den Schöpfer Der kleine Alte ihn streichelte von [mit] dem Blick und

semblait lui souffler tout cet emportement impie. «Bien dit, maître!
schien ihm [zuzu]flüstern all dieses Aufbrausen gottlose Gut gesagt Meister

répliqua-t-il. Belzébuth avait moins de droits que vous de se comparer
erwiderte-[---]-er Beelzebub [Teufel] hatte weniger von Recht als Sie zu sich vergleichen

à Dieu! Il ne faut pas que votre gloire périsse! Aussi, votre serviteur
zu Gott Es nicht braucht nicht dass Ihr Ruhm erlischt Auch Ihr Diener

veut-il vous donner le moyen de dompter ces montres rebelles.
will-er Ihnen geben das Mittel zu zähmen diese Uhren rebellischen

– Quel est-il? quel est-il? s' écria maître Zacharius. – Vous le
Welcher ist-er Welcher ist-er rief aus Meister Zacharius Sie es

saurez le lendemain du jour où vous m' aurez accordé la main
werden wissen den nächsten Tag von dem Tag wo Sie mir werden haben gewährt die Hand

de votre fille.
von Ihrer Tochter

– Ma Gérande? – Elle-même! – Le coeur de ma fille n' est pas
Meine Gérande Sie-selbst Das Herz von meiner Tochter nicht ist nicht

36

libre, répondit maître Zacharius à cette demande, qui ne parut ni le
frei antwortete Meister Zacharius auf diese Forderung die nicht schien weder ihn

choquer ni l' étonner. – Bah! ... Ce n' est pas la moins belle de
schockieren noch ihn erstaunen Pah Das nicht ist nicht die am wenigsten schöne von

vos horloges ... mais elle finira par s' arrêter aussi. ... – Ma fille,
Ihren Uhren aber sie wird enden durch stehen bleiben auch Meine Tochter

ma Gérande! ... Non! ... – Eh bien! retournez à vos montres,
meine Gérande Nein Nun gut Kehren Sie zurück zu Ihren Uhren

maître Zacharius! Montez et démontez-les! Préparez le mariage de
Meister Zacharius Montieren Sie und demontieren Sie-sie Bereiten Sie vor die Hochzeit von

votre fille et de votre ouvrier! Trempez des ressorts faits de votre
Ihrer Tochter und von Ihrem Arbeiter Härten Sie [---] Federn gemacht von Ihrem

meilleur acier! Bénissez Aubert et la belle Gérande, mais souvenez-
besten Stahl Segnen Sie Aubert und die schöne Gérande aber erinnern Sie-
bénir (le mariage de quelqu'un) = jemanden trauen

vous que vos montres ne marcheront jamais et que Gérande
sich dass Ihre Uhren nicht werden gehen niemals und dass Gérande

n' épousera pas Aubert! » Et là dessus, le petit vieillard sortit, mais
nicht wird heiraten nicht Aubert Und daraufhin der kleine Alte ging hinaus aber

pas si vite que maître Zacharius ne pût entendre sonner six heures
nicht so schnell dass Meister Zacharius nicht konnte hören läuten sechs Uhr

dans sa poitrine.
in seiner Brust

IV – L' ÉGLISE DE SAINT-PIERRE
Die Kirche von Sankt-Peter

Cependant l' esprit et le corps de maître Zacharius s' affaiblissaient de
Jedoch der Geist und der Körper von Meister Zacharius sich schwächten von

plus en plus. Seulement une surexcitation extraordinaire le ramena
mehr in mehr Aber eine übermäßige Erregung außerordentliche ihn brachte zurück
de plus en plus = mehr und mehr

plus violemment que jamais à ses travaux d' horlogerie, dont sa
mehr heftig als jemals zu seinen Arbeiten von Uhrmacherei von denen seine

fille ne parvint plus à le distraire. Son orgueil s' était encore
Tochter nicht gelang nicht mehr zu ihn ablenken Sein Stolz sich war noch

rehaussé depuis cette crise à laquelle son visiteur étrange l' avait
gesteigert seit dieser Krise zu welcher sein Besucher seltsamer ihn hatte

traîtreusement poussé, et il résolut de dominer, à force de génie,
hinterrücks gestoßen und er beschloss zu beherrschen in [mit] Kraft von Geist

l' influence maudite qui s' appesantissait sur son oeuvre et sur lui. Il
den Einfluss verfluchten der schwer lastete auf seinem Werk und auf ihm Er

visita d' abord les différentes horloges de la ville, confiées à ses soins.
besuchte zuerst die verschiedenen Uhren von der Stadt anvertraut zu seiner Pflege

Il s' assura, avec une scrupuleuse attention, que les rouages en
Er sich versichterte mit einer gewissenhaften Aufmerksamkeit dass die Zahnräder davon

étaient bons, les pivots solides, les contre-poids exactement
waren gut die Drehzapfen fest die Gegen-Gewichte exakt

équilibrés. Il ausculta les cloches des sonneries avec le
austariert Er abhorchte die Glocken von den Läutwerken mit der

recueillement d' un médecin interrogeant la poitrine d' un malade.
Andacht von einem Arzt untersuchend die Brust von einem Kranken

Rien n' indiquait donc que ces horloges fussent à la veille d' être
Nichts nicht anzeigte also dass diese Uhren wären kurz davor zu sein

frappées d' inertie.
geschlagen von Trägheit

Le vieil horloger, rentré chez lui, reprenait ses travaux avec une
Der alte Uhrmacher zurückgekehrt zu sich nahm wieder auf seine Arbeiten mit einem

fiévreuse assiduité. Bien que persuadé de ne pas réussir, il lui
fieberhaften Eifer Obwohl überzeugt zu nicht nicht Erfolg haben es ihm

semblait pourtant impossible que cela fût, et il montait et démontait
schien dennoch unmöglich dass dies wäre und er montierte und demontierte

sans cesse les montres que l' on rapportait à son atelier.
ohne Unterlass die Uhren die [---] man zurückbrachte in seine Werkstatt

Aubert, de son côté, s' ingéniait en vain à découvrir les causes de
Aubert an seiner Seite setzte alles daran vergeblich zu entdecken die Ursachen von

ce mal. «Maître, disait-il, cela ne peut, cependant, venir que de
diesem Übel Meister sagte-er das nicht kann jedoch kommen außer von

l' usure des pivots et des engrenages! – Tu prends donc plaisir
der Abnutzung von den Drehzapfen und von den Getrieben Du nimmst also Gefallen

à me tuer à petit feu? lui répondait violemment maître Zacharius.
an mich töten auf kleiner Flamme ihm antwortete heftig Meister Zacharius

Est-ce que ces montres sont l' oeuvre d' un enfant? Est-ce que, de
Ist-das was diese Uhren sind das Werk von einem Kind Ist-das was von

crainte de me frapper sur les doigts, j' ai enlevé au tour la surface
Furcht zu mich schlagen auf die Finger ich habe entfernt auf der Drehbank die Oberfläche

de ces pièces de cuivre? Est-ce que, pour obtenir une plus grande
von diesen Teilen von Kupfer Ist-das was um [zu] erhalten eine mehr große

dureté, je ne les ai pas forgées moi-même? Est-ce que ces ressorts ne
Härte ich nicht sie habe nicht geschmiedet ich-selbst Ist-das dass diese Federn nicht

sont pas trempés avec une rare perfection? Est-ce que l' on peut
sind nicht gehärtet mit einer seltenen Perfektion Ist-das dass [---] man kann

employer des huiles plus fines pour les imprégner? Tu conviens toi-
verwenden [---] Öle mehr feine um sie anfeuchten Du gestehst ein du-

même que c'est impossible, et tu avoues enfin que le diable
selbst dass das ist unmöglich und du gibst zu endlich dass der Teufel

s'en mêle! »
sich darin einmischt

Et puis, du matin au soir, les clients mécontentes affluaient de
Und dann von dem Morgen zu dem Abend die Kunden unzufriedenen stürmten von

plus belle à la maison, et elles parvenaient jusqu'au vieil horloger,
mehr schön zu dem Haus und sie gelangten bis zu dem alten Uhrmacher

de plus belle = immer mehr, verstärkt

qui ne savait auquel entendre. «Cette montre retarde sans que je
der nicht wusste auf wen hören Diese Uhr geht nach ohne dass ich

puisse parvenir à la régler! disait l'un. – Celle-ci, reprenait un autre,
kann erreichen zu sie stellen sagte der eine Diese-da fuhr fort ein anderer

s'est arrêtée, ni plus ni moins que le soleil de Josué! – S'il est vrai
ist stehen geblieben weder mehr noch weniger als die Sonne von Josua Wenn es ist wahr

die Sonne von Josua: Stelle aus der Bibel

que votre santé, répétaient la plupart des mécontents, influe sur la
dass Ihre Gesundheit wiederholten die meisten von den Unzufriedenen beinflusst [---] die

santé de vos horloges, maître Zacharius, guérissez-vous
Gesundheit von Ihren Uhren Meister Zacharius werden gesund-Sie

au plus tôt! »
unverzüglich

Le vieillard regardait tous ces gens-là avec des yeux hagards, et ne
Der Alte sah an alle diese Leute-da mit [---] Augen verstörten und nicht

répondait que par des hochements de tête ou de tristes paroles:
antwortete als durch [---] Nicken/Schütteln von Kopf oder von [mit] traurigen Worten

«Attendez aux premiers beaux jours, mes amis! C'est la saison où
Warten Sie auf die ersten schönen Tage meine Freunde Das ist die Jahreszeit wo

l'existence se ravive dans les corps fatigués! Il faut que le soleil
das Dasein sich wieder auflebt in den Körpern müden Es braucht dass die Sonne

vienne nous réchauffer tous! – Le bel avantage, si nos montres
kommt uns aufwärmen alle Der schöne Vorteil wenn unsere Uhren

Le bel avantage: [ist hier ironisch gemeint]

doivent être malades pendant l'hiver! lui dit un des plus enragés.
müssen sein krank während dem Winter ihm sagte einer von den meist wütenden

Savez-vous, maître Zacharius, que votre nom est inscrit en toutes
Wissen-Sie Meister Zacharius dass Ihr Name ist geschrieben in allen

lettres sur leur cadran! Par la Vierge! vous ne faites pas honneur à
Buchstaben auf ihrem Zifferblatt Bei der Jungfrau Sie nicht machen nicht Ehre zu

votre signature! »
Ihrer Unterschrift

Enfin, il arriva que le vieillard, honteux de ces reproches, retira
Schließlich es kam dass der Alte beschämt von diesen Vorwürfen holte heraus

quelques pièces   d' or   de son vieux bahut et commença   à racheter
einige   Stücke von Gold von seiner alten   Truhe und   begann   zu zurückkaufen

les montres endommagées.   À   cette   nouvelle,   les chalands
die   Uhren   beschädigten Zu [bei] dieser Nachricht   die   Kunden

accoururent en foule, et l' argent de ce pauvre logis   s' écoula bien
eilten herbei   in Masse und das   Geld von dieser armen Behausung strömte hinaus recht

vite; mais la   probité   du marchand demeura à couvert. Gérande
schnell aber die Ehrenhaftigkeit von dem Händler   blieb   gesichert   Gérande

applaudit de grand coeur à cette délicatesse, qui la menait droit à la
begrüßte   von großem Herzen zu dieser   Zartheit   die sie führte geradewegs in den

ruine, et bientôt Aubert dut offrir ses économies à maître Zacharius.
Ruin   und   bald   Aubert musste anbieten seine Ersparnisse zu Meister   Zacharius

«Que deviendra ma fille? » disait le vieil horloger, se raccrochant
Was   wird werden meine Tochter   sagte der alte Uhrmacher   sich klammernd

parfois, dans ce naufrage, aux sentiments de l' amour paternel.
manchmal   in diesem Untergang   an die   Gefühle   von der Liebe   väterlichen

Aubert n' osa pas répondre qu' il se sentait bon courage pour l' avenir
Aubert nicht wagte nicht antworten dass er sich fühlte   guten Mutes   für die Zukunft

et grand dévouement pour Gérande. Maître Zacharius,   ce jour-là,
und große   Ergebenheit für   Gérande   Meister Zacharius diesen Tag-da

l' eût appelé son   gendre et démenti ces funestes paroles qui
ihn hatte genannt seinen Schwiegersohn und widerrief diese verhängnisvollen Worte   die

bourdonnaient encore à son oreille: «Gérande n' épousera pas
summten   noch in seinem Ohr   Gérande nicht wird heiraten nicht

Aubert. »
Aubert

Néanmoins, avec ce système, le vieil horloger en arriva à se
Dennoch   mit dieser Strategie der alte Uhrmacher damit ankam zu sich

dépouiller entièrement. Ses vieux vases antiques s' en allèrent à des
entledigen   ganz   Seine alten Vasen   antiken   verschwanden zu [---]

mains étrangères; il se défit de magnifiques panneaux de chêne
Händen   fremden   er sich trennte von wundervollen   Platten   von Eiche

finement sculpté qui revêtaient les murailles de son logis; quelques
geschickt geschnitzten die verkleideten die Mauern von seiner Wohnung einige

naïves peintures des premiers peintres flamands ne réjouirent bientôt
schlichten   Gemälde von den ersten   Malern flämischen nicht erfreuten   bald

plus les regards de sa   fille, et tout, jusqu' aux précieux outils que
nicht mehr die Blicke von seiner Tochter und alles   bis zu den wertvollen Werkzeugen die

son génie avait inventés, fut vendu pour indemniser les réclamants.
sein Genie hatte erfunden   war verkauft um [zu] entschädigen die Reklamanten

Scholastique, seule, ne voulait pas entendre raison sur un semblable
Scholastique   allein nicht wollte nicht hören Vernunft auf ein   solches

entendre raison = Vernunft annehmen

40

sujet; mais ses efforts ne pouvaient empêcher les importuns
Thema aber ihre Anstrengungen nicht konnten hindern die Aufdringlichen

d' arriver jusqu' à son maître et de ressortir bientôt avec quelque
zu kommen bis zu ihrem Meister und zu wieder hinausgehen bald mit irgendeinem

objet précieux. Alors son caquetage retentissait dans toutes les rues
Gegenstand wertvollen Da ihr Geschwätz erklang in allen den Straßen

du quartier, où on la connaissait de longue date. Elle s' employait à
von dem Viertel wo man sie kannte von langem Datum Sie sich bemühte zu

de longue date = seit langem

démentir les bruits de sorcellerie et de magie qui couraient sur le
widerlegen die Gerüchte von Hexerei und von Magie die kursierten auf die

compte de Zacharius; mais comme, au fond, elle était persuadée de
Rechnung von Zacharius aber da im Grunde sie war überzeugt von

sur le compte = in Bezug auf

leur vérité, elle disait et redisait prières pour racheter ses
ihrer Wahrheit sie sagte und sagte wieder Gebete um [zu] wiedergutmachen ihre

pieux mensonges.
frommen Lügen

On avait fort bien remarqué que, depuis longtemps, l' horloger avait
Man hatte sehr wohl bemerkt dass seit langer Zeit der Uhrmacher hatte

abandonné l' accomplissement de ses devoirs religieux. Autrefois, il
aufgegeben die Durchführung von seinen Pflichten religiösen Früher er

accompagnait Gérande aux offices et semblait trouver dans la
begleitete Gérande zu den Gottesdiensten und schien finden in dem

prière ce charme intellectuel dont elle imprègne les belles
Gebet diesen Reiz intellektuellen von dem es ergreift die edlen

intelligences, puisque la prière est le plus sublime exercice de
Intelligenten denn das Gebet ist die meist erhabene Übung von

l' imagination. Cet éloignement volontaire du vieillard pour les
der Vorstellungskraft Diese Entfernung freiwillige von dem Alten für die

pratiques saintes, joint aux pratiques secrètes de sa vie, avait, en
Ausübungen heiligen zusammen mit den Ausübungen heimlichen von seinem Leben hatte in

quelque sorte, légitimé les accusations de sortilège portées contre ses
irgendeiner Weise gerechtfertigt die Anschuldigungen von Zauberei getragen gegen seine

travaux. Aussi, dans le double but de ramener son père à Dieu et au
Arbeiten Auch in dem doppelten Ziel zu zurückbringen ihren Vater zu Gott und zu der

monde, Gérande résolut d' appeler la religion à son secours. Elle
Welt Gérande beschloss zu rufen die Religion zu ihrer Hilfe Sie

pensa que le catholicisme pourrait rendre quelque vitalité à cette âme
dachte dass der Katholizismus könnte zurückgeben einige Lebenskraft zu dieser Seele

mourante; mais ces dogmes de foi et d' humilité avaient à
sterbenden aber diese Dogmen von Glauben und von Demut hatten zu

combattre dans l' âme de maître Zacharius un insurmontable orgueil,
bekämpfen in der Seele von Meister Zacharius einen unüberwindlichen Hochmut

et ils se heurtaient contre cette fierté de la science qui rapporte tout à
und sie stießen zusammen gegen [mit] diesem Stolz von der Wissenschaft der bezieht alles auf

elle, sans remonter à la source infinie d' où découlent les premiers
sie [sich] ohne vorzudringen zu der Quelle unendlichen von wo kommen die ersten

principes.
Ursprünge

Ce fut dans ces circonstances que la jeune fille entreprit la conversion
Das war in diesen Umständen dass das junge Mädchen unternahm die Bekehrung

de son père, et son influence fut si efficace, que le vieil horloger
von ihrem Vater und ihr Einfluss war so wirksam dass der alte Uhrmacher

promit d' assister le dimanche suivant à la grand-messe de la
versprach zu beiwohnen den Sonntag folgenden zu der großen Messe von der
la grand-messe = Messe an hohen kirchlichen Feiertagen

cathédrale. Gérande éprouva un moment d' extase, comme si le
Kathedrale Gérande durchlebte einen Moment von Verzückung wie wenn der

ciel se fût entrouvert à ses yeux. La vieille Scholastique ne put
Himmel sich wäre ein wenig geöffnet zu ihren Augen Die alte Scholastique nicht konnte

contenir sa joie et eut enfin des arguments sans réplique contre les
unterdrücken ihre Freude und hatte schließlich [---] Argumente ohne Einwand gegen die

mauvaises langues qui accusaient son maître d' impiété. Elle en parla
bösen Zungen die beschuldigten ihren Meister von Gottlosigkeit Sie davon sprach

à ses voisines, à ses amies, à ses ennemies, à qui la connaissait
zu ihren Nachbarinnen zu ihren Freundinnen zu ihren Feindinnen zu wem sie kannte

comme à qui ne la connaissait pas.
wie zu wem nicht sie kannte nicht

«Ma foi, nous ne croyons guère à ce que vous nous annoncez, dame
Mein Glaube wir nicht glauben kaum an das was Sie uns ankündigen Frau

Scholastique, lui répondit-on. Maître Zacharius a toujours agi de
Scholastique ihr antwortete-man Meister Zacharius hat immer gehandelt von

concert avec le diable! — Vous n' avez donc pas compté, reprenait la
Konzert mit dem Teufel Sie nicht haben also nicht gezählt fuhr fort die
de concert avec = im Einklang mit

bonne femme, les beaux clochers où battent les horloges de mon
gute Frau die schönen Kirchtürme wo schlagen die Uhren von meinem

maître? Combien de fois a-t-il fait sonner l' heure de la prière et de
Meister Wieviel von Mal hat-[---]-er gemacht läuten die Stunde von dem Gebet und von

la messe! — Sans doute, lui répondait-on. Mais n' a-t-il pas inventé
der Messe Ohne Zweifel ihr antwortete-man Aber nicht hat-[---]-er nicht erfunden

des machines qui marchent toutes seules et qui parviennent à faire
[---] Maschinen die gehen ganz allein und die erreichen zu machen

l' ouvrage d' un homme véritable? — Est-ce que des enfants du
die Arbeit von einem Mensch wirklichen Ist-das was [---] Kinder von dem

démon, reprenait dame Scholastique en colère, auraient pu exécuter
Dämon fuhr fort Frau Scholastique in Wut hätten gekonnt anfertigen

42

cette belle horloge de fer du château d' Andernatt, que la ville de
diese schöne Uhr von Eisen von dem Schloss von [Ortsname] die die Stadt von

Genève n' a pas été assez riche pour acheter? À chaque heure
Genf nicht hat nicht gewesen genug reich für kaufen Zu jeder Stunde

apparaissait une belle devise, et un chrétien qui s' y serait conformé
erschien ein schöner Spruch und ein Christ der sich daran hätte angepasst
se conformer = sich an etwas halten

aurait été tout droit en paradis! Est-ce donc là le travail du diable? »
hätte gewesen ganz direkt in Paradies Ist-das also da die Arbeit von dem Teufel

Ce chef-d' oeuvre, fabriqué vingt ans auparavant, avait effectivement
Dieses Meisterwerk hergestellt zwanzig Jahre zuvor hatte tatsächlich

porté aux nues la gloire de maître Zacharius; mais, à cette occasion
getragen zu den Wolken den Ruhm von Meister Zacharius aber zu dieser Gelegenheit
porter quelqu'un aux nues = jemanden in den Himmel heben

même, les accusations de sorcellerie avaient été générales. Au
selben die Anschuldigungen von Hexerei hatten gewesen allgemeine Zu dem

surplus, le retour du vieillard à l' église de Saint-Pierre devait réduire
Überschuss die Rückkehr von dem Alten zu der Kirche von Sankt-Peter musste senken
au surplus = abgesehen davon

les méchantes langues au silence.
die bösen Zungen zu der Stille

Maître Zacharius, sans se souvenir sans doute de cette promesse
Meister Zacharius ohne sich erinnern ohne Zweifel von diesem Versprechen

faite à sa fille, était retourné à son atelier. Après avoir vu son
gemachten an seine Tochter war zurückgekehrt zu seiner Werkstatt Nach haben gesehen seine

impuissance à rendre la vie à ses montres, il résolut de tenter s' il
Machtlosigkeit zu zurückgeben das Leben zu seinen Uhren er beschloss zu versuchen ob er

ne pourrait en fabriquer de nouvelles. Il abandonna tous ces corps
nicht könnte davon herstellen von neue [Uhren] Er gab auf alle diese Körper

inertes et se remit à terminer la montre de cristal qui devait être
leblosen und machte sich daran zu beenden die Uhr von Kristall die musste sein

son chef-d' oeuvre; mais il eut beau faire, se servir de ses outils
sein Meisterwerk aber er hatte schön machen sich bedienen von seinen Werkzeugen
il eut beau faire = was er auch tat

les plus parfaits, employer le rubis et le diamant propres à résister
den meist perfekten anwenden den Rubin und den Diamant reinen zu standhalten

aux frottements, la montre lui éclata entre les mains la première fois
zu den Reibungen die Uhr ihm zerbrach zwischen den Händen das erste Mal

qu' il voulut la monter!
dass er wollte sie aufziehen

Le vieillard cacha cet événement à tout le monde, même à sa fille;
Der Alte verbarg dieses Ereignis vor ganz der Welt selbst vor seiner Tochter
tout le monde = alle

mais dès lors sa vie déclina rapidement. Ce n' étaient plus que les
aber seitdem sein Leben schwand schnell Das nicht waren nicht mehr als die

dernières oscillations d' un pendule qui vont en diminuant quand rien
letzten Schwingungen von einem Pendel die gehen in abnehmend wenn nichts

ne vient leur rendre leur mouvement primitif. Il semblait que les
nicht kommt ihnen zurückgeben ihre Bewegung ursprüngliche Es schien dass die

lois de la pesanteur, agissant directement sur le vieillard,
Gesetze von der Schwerkraft wirkend direkt auf den Alten

l' entraînaient irrésistiblement dans la tombe.
ihn zogen unaufhaltsam in das Grab

Ce dimanche si ardemment désiré par Gérande arriva enfin. Le temps
Dieser Sonntag so sehnlichst gewünschte von Gérande kam schließlich Das Wetter

était beau et la température vivifiante. Les habitants de Genève
war schön und die Temperatur belebend Die Einwohner von Genf

allaient tranquillement par les rues de la ville, avec de gais discours
gingen ruhig durch die Straßen von der Stadt mit [---] fröhlichem Gerede

sur le retour du printemps. Gérande, prenant soigneusement le bras
über die Rückkehr von dem Frühling Gérande nehmend sorgsam den Arm

du vieillard, se dirigea du côté de Saint-Pierre, pendant que
von dem Alten sich begab von der Seite von Sankt-Peter während

Scholastique les suivait en portant leurs livres d' heures. On les
Scholastique ihnen folgte in tragend ihre Bücher von Stunden Man sie
le livre d'heure = das Gebetbuch

regarda passer avec curiosité. Le vieillard se laissait conduire comme
anschaute vorbeigehen mit Neugier Der Alte sich ließ führen wie

un enfant, ou plutôt comme un aveugle. Ce fut presque avec un
ein Kind oder vielmehr wie ein Blinder Das war fast mit einem

sentiment d' effroi que les fidèles de Saint-Pierre l' aperçurent
Gefühl von Entsetzen dass die Gläubigen von Sankt-Peter ihn erkannten

franchissant le seuil de l' église, et il semblait même qu' ils se
überquerend die Schwelle von der Kirche und es schien sogar dass sie sich

retirèrent à son approche.
zurückzogen zu seinem Näherkommen

Les chants de la grand-messe retentissaient déjà. Gérande se dirigea
Die Gesänge von der großen Messe erklangen schon Gérande steuerte zu

vers son banc accoutumé et s' y agenouilla dans le recueillement le
gegen ihre Bank gewohnte und sich dort niederkniete in der Andacht der

plus profond. Maître Zacharius demeura près d' elle, debout. Les
meist tiefen Meister Zacharius blieb nahe von ihr stehend Die

cérémonies de la messe se déroulèrent avec la solennité majestueuse
Zeremonien von der Messe verliefen mit der Feierlichkeit majestätischen

de ces époques de croyance, mais le vieillard ne croyait pas. Il
von diesem Zeitalter von Glaube aber der Alte nicht glaubte nicht Er

44

n' implora pas la pitié du Ciel avec les cris de douleur du
nicht flehte nicht die Frömmigkeit von dem Himmel mit den Schreien von Schmerz von dem

"Kyrie"; avec le "Gloria in excelsis", il ne chanta pas les
Kyrie mit dem Gloria in excelsis er nicht besang nicht die

Kyrie (griech.) = Herr; Gloria in excelsis [deo] [lat.] = Ehre sei [Gott] in der Höhe

magnificences des hauteurs célestes; la lecture de l' Évangile ne le
Herrlichkeit von den Höhen himmlischen das Lesen von dem Evangelium nicht ihn

tira pas de ses rêveries matérialistes, et il oublia de s' associer aux
wegzog nicht von seinen Träumereien materialistischen und er vergaß zu sich beteiligen an den

hommages catholiques du "Credo". Cet orgueilleux vieillard
Huldigungen katholischen von dem Glaubensbekenntnis Dieser hochmütige Alte

demeurait immobile, insensible et muet comme une statue de pierre;
blieb reglos gefühllos und stumm wie eine Statue von Stein

et même, au moment solennel où la clochette annonça le miracle de la
und selbst in dem Moment feierlichen wo das Glöckchen ankündigte das Wunder von der

transsubstantiation, il ne se courba pas, et il regarda en face l' hostie
Transsubstantiation er nicht sich beugte nicht und er sah an in Gesicht die Hostie

transsubstantiation = Umwandlung von Brot und Wein in den Leib und das Blut Christi

divinisée que le prêtre élevait au-dessus des fidèles.
als Gott verehrte die der Priester hob über [die] Gläubigen

Gérande regarda son père, et d' abondantes larmes mouillèrent son
Gérande sah an ihren Vater und [---] zahlreiche Tränen machten nass ihr

missel! À cet instant, l' horloge de Saint-Pierre sonna la demie de
Messbuch In diesem Augenblick die Uhr von Sankt-Peter läutete die Hälfte von

onze heures. Maître Zacharius se retourna avec vivacité vers ce vieux
elf Uhr Meister Zacharius sich drehte um mit Heftigkeit gegen diesen alten

la demie de onze heures = halb zwölf Uhr

clocher qui parlait encore. Il lui sembla que le cadran intérieur le
Kirchturm der sprach noch Es ihm schien dass das Zifferblatt innere ihn

regardait fixement, que les chiffres des heures brillaient comme s' ils
sah an fest dass die Ziffern von den Stunden glänzten als ob sie

eussent été gravés en traits de feu, et que les aiguilles dardaient une
hätten gewesen graviert in Linien von Feuer und dass die Zeiger abschossen einen

étincelle électrique par leurs pointes aiguës.
Funken elektrischen durch ihre Spitzen scharfen

La messe s' acheva. C' était la coutume que l' "Angelus" fût dit à
Die Messe ging zu Ende Das war der Brauch dass der Angelus war gesagt zu

Angelus [domini] (lat.): Der Engel des Herrn: katholisches Gebet

l' heure de midi, et les officiants, avant de quitter le parvis,
der Stunde von Mittag und die Zelebranten vor von verlassen den Kirchenvorplatz

attendaient que l' heure sonnât à l' horloge du clocher. Encore
warteten dass die Stunde läutete auf der Uhr von dem Kirchturm Noch

quelques instants, et cette prière allait monter aux pieds de la Vierge.
einige Augenblicke und dieses Gebet ging aufsteigen zu den Füßen von der Jungfrau

Mais soudain un bruit strident se fit entendre. Maître Zacharius
Aber plötzlich ein Lärm schriller sich machte hören Meister Zacharius

poussa un cri. . . .
stieß aus einen Schrei

La grande aiguille du cadran, arrivée à midi, s' était subitement
Der große Zeiger von dem Zifferblatt angekommen zu Mittag sich war plötzlich

arrêtée, et midi ne sonna pas. Gérande se précipita au secours de son
angehalten und Mittag nicht läutete nicht Gérande sich stürzte zu der Hilfe von ihrem

père, qui était renversé sans mouvement, et que l' on transporta hors
Vater der war umgefallen ohne Bewegung und den [---] man brachte außerhalb

de l' église. «C' est le coup de mort!» se dit Gérande en sanglotant.
von der Kirche Das ist der Stoß von Tod sich sagte Gérande in schluchzend

Maître Zacharius, ramené à son logis, fut couché dans un état
Meister Zacharius zurückgebracht zu seiner Wohnung war gelegen in einem Zustand

complet d' anéantissement. La vie n' existait plus en lui qu' à la
vollkommenen von Erschöpfung Das Leben nicht bestand nicht mehr in ihm außer an der

surface de son corps, comme les derniers nuages de fumée qui
Oberfläche von seinem Körper wie die letzten Wolken von Dunst die

errent autour d' une lampe à peine éteinte.
umherschweifen um eine Lampe kaum erloschene

Lorsqu' il reprit ses sens, Aubert et Gérande étaient penchés sur lui.
Als er wieder nahm seine Sinne Aubert und Gérande waren gebeugt über ihn

À ce moment suprême, l' avenir prit à ses yeux la forme du présent.
In diesem Moment höchsten die Zukunft nahm in seinen Augen die Form von der Gegenwart

Il vit sa fille, seule, sans appui. «Mon fils, dit-il à Aubert, je te
Er sah seine Tochter allein ohne Stütze Mein Sohn sagte-er zu Aubert ich dir

donne ma fille,» et il étendit la main vers ses deux enfants, qui furent
gebe meine Tochter und er streckt aus die Hand nach seinen zwei Kindern die waren

unis ainsi à ce lit de mort. Mais, aussitôt, maître Zacharius se
vereint so an diesem Bett von Tod Aber gleich danach Meister Zacharius sich

souleva par un mouvement de rage. Les paroles du petit vieillard lui
erhob durch eine Bewegung von Wut Die Worte von dem kleinen Alten ihm

revinrent au cerveau.
kamen wieder in das Gehirn

«Je ne veux pas mourir! s' écria-t-il. Je ne peux pas mourir! Moi,
Ich nicht will nicht sterben schrie auf-[---]-er Ich nicht kann nicht sterben Ich

maître Zacharius, je ne dois pas mourir. . . . Mes livres! . . . mes
Meister Zacharius ich nicht darf nicht sterben Meine Bücher meine

46

comptes! . . . » Et, ce disant, il s' élança hors de son lit vers un
Rechnungen Und das sagend er sich stürzte außerhalb von seinem Bett zu einem

livre où se trouvaient inscrits les noms de ses clients ainsi que
Buch wo sich befanden aufgeschrieben die Namen von seinen Kunden sowie

l' objet qu' il leur avait vendu. Ce livre, il le feuilleta avec avidité, et
das Objekt was er ihnen hatte verkauft Dieses Buch er es durchblätterte mit Gier und

son doigt décharné se fixa sur l' un des feuillets. «Là! dit-il,
sein Finger abgemagerter sich festmachte auf dem einen von den Blättern Da sagte-er

là! . . . Cette vieille horloge de fer, vendue à ce Pittonaccio! C' est la
da Diese alte Uhr von Eisen verkauft an diesen [Name] Das ist die

seule qui ne m' ait pas encore été rapportée! Elle existe! elle marche!
einzige die nicht mir hätte nicht noch gewesen zurückgebracht Sie existiert Sie geht

elle vit toujours! Ah! je la veux! je la retrouverai! je la soignerai si
Sie lebt immer [noch] Ach Ich sie will Ich sie werde wiederfinden Ich sie werde pflegen so

bien que la mort n' aura plus prise sur moi. » Et il s' évanouit.
gut dass der Tod nicht wird haben nicht mehr Griff auf mich Und er wurde ohnmächtig

Aubert et Gérande s' agenouillèrent près du lit du vieillard et
Aubert und Gérande knieten sich hin nahe von dem Bett von dem Alten und

prièrent ensemble.
beteten zusammen

V – L' HEURE DE LA MORT
Die Stunde von dem Tod

Quelques jours s' écoulèrent encore, et maître Zacharius, cet homme
Einige Tage vergingen noch und Meister Zacharius dieser Mann

presque mort, se releva de son lit et revint à la vie par une
fast tote sich erhob wieder von seinem Bett und kam zurück zu dem Leben mit einer

surexcitation surnaturelle. Il vivait d' orgueil. Mais Gérande ne s' y
höchsten Erregung übernatürlichen Er lebte von Hochmut Aber Gérande nicht sich dort

trompa pas: le corps et l' âme de son père étaient à jamais perdus.
täuschte nicht der Körper und die Seele von ihrem Vater waren für immer verloren

On vit le vieillard occupé à rassembler ses dernières ressources,
Man sah den Alten beschäftigt zu sammeln seine letzten Kräfte

sans prendre souci des siens. Il dépensait une énergie incroyable,
ohne nehmen Sorge von den Seinen Er verbrauchte eine Energie unglaubliche

marchant, furetant et marmottant de mystérieuses paroles.
gehend stöbernd und murmelnd [---] geheimnisvolle Worte

Un matin, Gérande descendit à son atelier. Maître Zacharius n' y
Eines Morgens Gérande ging hinunter in seine Werkstatt Meister Zacharius nicht dort

était pas. Pendant toute cette journée, elle l' attendit. Maître
war nicht Während ganzem diesem Tag sie [auf] ihn wartete Meister

Zacharius ne revint pas. Gérande pleura toutes les larmes de ses
Zacharius nicht kam zurück nicht Gérande weinte alle die Tränen von ihren

yeux, mais son père ne   reparut pas. Aubert parcourut la ville et
Augen aber ihr Vater nicht erschien wieder nicht Aubert durchlief die Stadt und

acquit la triste certitude que le vieillard l' avait quittée. «Retrouvons
erlangte die traurige Gewissheit dass der Alte sie hatte verlassen Lass uns finden

mon père! s' écria Gérande, quand le jeune ouvrier lui rapporta cette
meinen Vater rief aus Gérande als der junge Arbeiter ihr berichtete diese

douloureuse nouvelle. – Où peut-il être? » se demanda Aubert.
schmerzhafte Nachricht Wo kann-er sein sich fragte Aubert

Une inspiration illumina soudain son esprit. Les dernières paroles de
Ein Einfall erhellte plötzlich seinen Geist Die letzten Worte von

maître Zacharius lui revinrent à la mémoire. Le vieil horloger ne vivait
Meister Zacharius ihm kamen zurück in das Gedächtnis Der alte Uhrmacher nicht lebte

plus que dans cette vieille horloge de fer qu' on ne lui avait pas
nicht mehr außer in dieser alten Uhr von Eisen die man nicht ihm hatte nicht

rendue! Maître Zacharius devait s' être mis à sa recherche. Aubert
zurückgebracht Meister Zacharius musste sich sein gemacht an ihre Suche Aubert

communiqua sa pensée à Gérande. «Voyons le livre de mon père, »
teilte mit seinen Gedanken an Gérande Sehen wir das Buch von meinem Vater

lui répondit-elle.
ihm antwortete-sie

Tous deux descendirent à l' atelier. Le livre était ouvert sur l' établi.
Alle zwei gingen hinab in die Werkstatt Das Buch war offen auf der Werkbank

Toutes les montres ou horloges faites par le vieil horloger, et qui lui
Alle die Uhren oder Uhren gemacht von dem alten Uhrmacher und die ihm

étaient revenues par suite de leur dérangement, étaient effacées
waren zurückgekommen durch Folge von ihrer Störung waren ausradiert
par suite = infolge

toutes, excepté une! «Vendu au seigneur Pittonaccio une horloge en
alle außer eine Verkauft an den Herrn Pittonaccio eine Uhr in

fer, à sonnerie et à personnages mouvants, déposée en son château
Eisen mit Läutwerk und mit Figuren bewegenden abgegeben in seinem Schloss

d' Andernatt. » C' était cette horloge «morale» dont la vieille
von Andernatt Das war diese Uhr moralische von der die alte

Scholastique avait parlé avec tant d' éloges. «Mon père est là! s' écria
Scholastique hatte gesprochen mit so viel von Lob Mein Vater ist dort rief aus

Gérande. – Courons-y, répondit Aubert. Nous pouvons le sauver
Gérande Laufen wir-dorthin antwortete Aubert Wir können ihn retten

encore!... – Non pas pour cette vie, murmura Gérande, mais
noch Nicht nicht für dieses Leben murmelte Gérande aber

au moins pour l' autre! – À la grâce de Dieu, Gérande! Le château
wenigstens für das andere Zu dem Dank von Gott Gérande Das Schloss

48

d' Andernatt est situé dans les gorges   des   Dents-du-Midi,   à une
von Andernatt   ist gelegen   in   den Schluchten von den Zähnen-von dem-Mittag in einer

Dents-du-Midi = Bergkette in den Alpen

vingtaine d' heures de Genève. Partons! »
etwa zwanzig von Stunden von   Genf   Gehen wir

  Ce   soir-là même, Aubert et Gérande, suivis de leur vieille servante,
Diesen Abend-da selben Aubert und Gérande   gefolgt von ihrer   alten   Dienerin

cheminaient à pied sur la route qui côtoie   le lac de Genève. Ils firent
zogen ihres Weges zu Fuß auf der Straße die verläuft [an] dem See von   Genf   Sie machten

cinq lieues dans la nuit, ne s' étant arrêtés   ni à Bessinge, ni à
fünf   Meilen   in der Nacht nicht sich warend aufgehalten weder in [Ortsname]   noch in

Ermance, où s' élève le célèbre château des Mayor. Ils traversèrent à
[Ortsname] wo sich erhebt das berühmte   Schloss   von [Name]   Sie überquerten an [eine]

gué et non sans peine le torrent de la Dranse. En tous lieux ils
Furt und nicht ohne   Mühe   den Strom von der [Flussname] In allen Orten sie

s' inquiétaient de maître Zacharius, et eurent bientôt la certitude
sich erkundigten   von Meister   Zacharius   und hatten   bald   die Gewissheit

 qu' ils marchaient sur ses traces.
dass sie   gingen   auf seinen Spuren

Le lendemain, à la chute du   jour, après avoir passé Thonon, ils
Den nächsten Tag in dem Fall von dem Tag   nach   haben passiert [Ortsname] sie

la chute du jour = der Einbruch der Dunkelheit

atteignirent Évian, d' où l' on voit la côte de la Suisse se développer
erreichten [Ortsname] von wo [---] man sieht den Hang von der Schweiz sich entwickeln

la côte = hier: die Berge

aux regards sur une étendue de douze lieues. Mais les deux fiancés
in den Blicken   auf eine Ausdehnung von   zwölf   Meilen   Aber die zwei Verlobten

n' aperçurent même pas ces   sites enchanteurs. Ils allaient, poussés
nicht bemerkten   nicht einmal diese Landschaften bezaubernden Sie   gingen   angetrieben

par une force surnaturelle. Aubert, appuyé sur un bâton noueux,
durch eine   Kraft   übernatürliche Aubert   gelehnt auf einen Stab knorrigen

offrait son bras tantôt à Gérande et tantôt à la vieille Scholastique, et il
bot seinen Arm   mal an Gérande und mal an die alte   Scholastique und er

puisait dans son coeur une suprême énergie pour soutenir ses
schöpfte in seinem Herz eine   höchste   Energie um [zu] unterstützen seine

compagnes. Tous trois parlaient de leurs douleurs, de leurs
Gefährtinnen   Alle drei   sprachen von ihren Schmerzen   von ihren

espérances, et suivaient ainsi cette belle route à fleur d' eau, sur ce
Hoffnungen   und   folgten   so   dieser schönen Straße an Blume von Wasser auf dieser

à fleur d'eau = direkt am Wasser

plateau rétréci qui relie les bords du lac aux hautes montagnes du
Hochebene engen   die verbindet die Ufer von dem See mit den hohen   Bergen   von dem

Chalais. Bientôt ils atteignirent Bouveret, à l' endroit où le Rhône
[Ortsname]   Bald   sie   erreichten   [Ortsname] an dem Ort   wo die Rhone

entre dans le lac de Genève.
eintritt in den See von Genf

À partir de cette ville, ils abandonnèrent le lac, et leur fatigue
Zu weggehen von dieser Stadt sie verließen den See und ihre Müdigkeit

à partir de cette ville = von dieser Stadt an

s' accrut au milieu de ces contrées montagneuses. Vionnaz,
sich verstärkte in der Mitte von diesen Gegenden gebirgigen [Ortsname]

Chesset, Collombay, villages à demi perdus, demeurèrent bientôt
[Ortsname] [Ortsname] Dörfer [---] halb vergessen blieben bald

derrière eux. Leurs genoux fléchirent, leurs pieds se déchirèrent
hinter ihnen Ihre Knie wurden schwach ihre Füße sich rissen

à ces crêtes aiguës qui hérissaient le sol comme des
an diesen Gebirgskämmen spitzen die hervorragten [aus] dem Boden wie [---]

broussailles de granit. Aucune trace de maître Zacharius!
Gestrüpp von Granit Keine Spur von Meister Zacharius

Il fallait le retrouver pourtant, et les deux fiancés ne demandèrent le
Man musste ihn wiederfinden doch und die zwei Verlobten nicht baten [um] die

repos ni aux chaumières isolées, ni au château de Monthey.
Ruhe weder in den [strohgedecktes Häuschen] einsamen noch in dem Schloss von [Ortsname]

Enfin, vers la fin de cette journée, ils atteignirent, presque
Schließlich gegen das Ende von diesem Tag sie erreichten fast

mourants de fatigue, l' ermitage de Notre-Dame du Scex, qui est
sterbend von Müdigkeit die Einsiedelei von [Name einer Kapelle] die ist

situé à la base de la Dent-du-Midi, à six cents pieds au-dessus du
gelegen an dem Fuß von der Dent-du-Midi zu sechs hundert Fuß oberhalb von der

Rhône. L' ermite les reçut tous trois à la tombée de la nuit. Ils
Rhone Der Einsiedler sie empfing alle drei in dem Fall von der Nacht Sie

la tombée de la nuit = der Einbruch der Nacht

n' auraient pu faire un pas de plus, et là ils durent prendre quelque
nicht hätten gekonnt machen einen Schritt von mehr und dort sie mussten nehmen [---]

repos.
Ruhe

L' ermite ne leur donna aucune nouvelle de maître Zacharius.
Der Einsiedler nicht ihnen gab keine Nachricht von Meister Zacharius

À peine pouvait-on espérer le retrouver vivant au milieu de ces mornes
Kaum konnte-man hoffen ihn wiederfinden lebend in der Mitte von diesen trostlosen

solitudes. La nuit était profonde, l' ouragan sifflait dans la montagne,
Einsamkeiten Die Nacht war tief der Orkan pfiff in dem Gebirge

et les avalanches se précipitaient du sommet des rocs ébranlés. Les
und die Lawinen sich stürzten von dem Gipfel von den Felsen erschütterten Die

deux fiancés, accroupis devant le foyer de l' ermite, lui racontèrent
zwei Verlobten kauernd vor dem Herd von dem Einsiedler ihm erzählten

leur douloureuse histoire. Leurs manteaux, imprégnés de neige,
ihre   schmerzhafte Geschichte   Ihre   Mäntel   durchnässt von Schnee

séchaient dans quelque coin, et, au dehors, le chien de l' ermitage
trockneten   in [irgend]einer Ecke und   draußen   der Hund von der Einsiedelei

poussait de lugubres aboiements, qui se mêlaient aux hurlements de
stieß [aus] [---] düsteres   Gebell   das sich vermischte mit dem Heulen von

la rafale.
dem Sturm

«L' orgueil, dit l' ermite à ses hôtes, a   perdu   un ange créé
Der   Stolz   sagte der Einsiedler zu seinen Gästen hat zugrunde gerichtet einen Engel geschaffen

pour le bien. C' est la pierre d' achoppement où se heurtent les
für das Gute Das ist der   Stein des Anstoßes   wo aneinandergeraten die

destinées de l' homme. À l' orgueil, ce principe de tous   vices, on
Schicksale von dem Menschen Zu dem   Stolz   diesem Grundsatz von allen Untugenden man

ne peut opposer aucuns raisonnements, puisque, par sa nature
nicht kann entgegensetzen keine   Überlegungen   da   durch seine Natur

même, l' orgueilleux se refuse à les entendre. . . . Il n' y a donc
selbst   der   Stolze   sich weigert zu sie   hören   Es nicht dort hat also

 plus   qu' à prier pour votre père! » Tous quatre s' agenouillaient,
nicht mehr   außer zu beten für Euren Vater   Alle   vier sich   niederknieten

quand les aboiements du chien redoublèrent, et l' on heurta à la porte
als   das   Bellen von dem Hund   zunahm   und [---] man klopfte an die Tür

de l' ermitage. «Ouvrez, au   nom du diable! » La porte céda sous
von der Einsiedelei   Öffnen Sie in dem Namen von dem Teufel   Die Tür   gab nach unter

de violents   efforts, et il apparut un homme échevelé, hagard,
[---] gewaltsamen Anstrengungen und es   erschien ein   Mann   zerzauster   verstörter

à peine vêtu. «Mon père! » s' écria Gérande.
kaum bekleideter Mein Vater   rief aus   Gérande

C' était maître Zacharius. «Où suis-je?   fit-il. Dans l' éternité! . . .
Das war Meister   Zacharius   Wo bin-ich machte-er In der Ewigkeit

Le temps est fini . . . les heures ne sonnent plus . . . les aiguilles
Die Zeit   ist beendet   die Stunden nicht läuten nicht mehr   die   Zeiger

s' arrêtent! – Mon père! reprit Gérande avec une si déchirante
bleiben stehen   Mein Vater fuhr fort Gérande   mit einer so herzzereißenden

émotion, que le vieillard sembla revenir   au monde des vivants.
Ergriffenheit dass der   Alte   schien zurückkommen zu der Welt   von den Lebenden

– Toi ici, ma Gérande! s' écria-t-il, et toi, Aubert! . . . Ah! mes chers
Du hier meine Gérande   rief aus-[---]-er und du   Aubert   Ach meine lieben

fiancés, vous venez vous marier à notre vieille église!   – Mon père,
Verlobten   ihr kommt euch heiraten in unserer alten Kirche   Mein Vater

dit Gérande en le saisissant par le bras, revenez   à votre maison de
sagte Gérande in ihn fassend   an dem Arm kommen Sie zurück zu Ihrem Haus von

Genève, revenez avec nous! » Le vieillard échappa à l' étreinte de sa
Genf kommen Sie zurück mit uns Der Alte entkam zu dem Griff von seiner

fille et se jeta vers la porte, sur le seuil de laquelle la neige
Tochter und sich warf gegen die Tür auf der Schwelle von welcher der Schnee

s' entassait à gros flocons.
sich häufte in großen Flocken

«N' abandonnez pas vos enfants! s' écria Aubert. – Pourquoi,
Nicht verlassen Sie nicht Ihre Kinder rief aus Aubert Warum

répondit tristement le vieil horloger, pourquoi retourner à ces lieux
antwortete traurig der alte Uhrmacher warum zurückkehren zu diesen Orten

que ma vie a déjà quittés et où une partie de moi-même est enterrée
die mein Leben hat schon verlassen und wo ein Teil von mir-selbst ist begraben

à jamais! – Votre âme n' est pas morte! dit l' ermite d' une voix
für immer Ihre Seele nicht ist nicht tot sagte der Einsiedler von einer Stimme

grave. – Mon âme! . . . Oh! non! . . . ses rouages sont bons! . . . Je
ernsten Meine Seele Oh Nein ihre Zahnräder sind gut Ich

la sens battre à temps égaux . . . – Votre âme est immatérielle! Votre
sie fühle schlagen in Takt regelmäßigem Ihre Seele ist immateriell Ihre

âme est immortelle! reprit l' ermite avec force. – Oui . . . comme ma
Seele ist unsterblich fuhr fort der Einsiedler mit Kraft Ja wie mein

gloire! . . . Mais elle est enfermée au château d' Andernatt, et je veux
Ruhm Aber sie ist eingeschlossen in dem Schloss von Andernatt und ich will

la revoir! » L' ermite se signa. Scholastique était presque inanimée.
sie wiedersehen Der Einsiedler sich bekreuzigte Scholastique war fast leblos

Aubert soutenait Gérande dans ses bras.
Aubert hielt Gérande in seinen Armen

«Le château d' Andernatt est habité par un damné, dit l' ermite, un
Das Schloss von Andernatt ist bewohnt von einem Verdammten sagte der Einsiedler ein

damné qui ne salue pas la croix de mon ermitage! – Mon père, n' y
Verdammter der nicht grüßt nicht das Kreuz von meiner Einsiedelei Mein Vater nicht dort

va pas! – Je veux mon âme! mon âme est à moi. . . . – Retenez-le!
geh nicht [hin] Ich will meine Seele Meine Seele ist zu mir Halten Sie zurück-ihn

... est à moi = ... gehört mir

retenez mon père! » s' écria Gérande. Mais le vieillard avait
halten Sie zurück meinen Vater rief aus Gérande Aber der Alte hatte

franchi le seuil et s' était élancé à travers la nuit en criant: «À moi!
überschritten die Schwelle und sich war gestürzt in die Nacht in schreiend Zu mir

à moi, mon âme! . . . »
zu mir meine Seele

Gérande, Aubert et Scholastique se précipitèrent sur ses pas.
Gérande Aubert und Scholastique sich stürzten auf seine Fußstapfen

Sie stürzten Meister Zacharius nach, folgten seiner Spur.

Ils marchèrent par d' impraticables sentiers, sur lesquels maître
Sie gingen durch [---] unbegehbare Pfade auf welchen Meister

52

Zacharius allait comme l' ouragan, poussé par une force irrésistible.
Zacharius   ging   wie   der   Orkan   gestoßen von einer   Kraft   unbändigen

La neige tourbillonnait autour d' eux et mêlait ses flocons blancs à
Der Schnee   wirbelte   um   sie und vermischte seine Flocken   weißen zu

l' écume des torrents débordés.   En passant devant la chapelle élevée
dem Schaum von den Strömen übergetretenen In vorbeigehend vor   der   Kapelle   errichtet

en mémoire du massacre de la légion thébaine, Gérande, Aubert et
in   Erinnerung von dem Massaker   von der Legion   thebaischen   Gérande   Aubert und

la légion thébaine = römische Legion (3. Jhd.); angeblich sind alle Mitglieder als Märtyrer gestorben.

Scholastique se signèrent précipitamment. Maître Zacharius ne
Scholastique   sich bekreuzigten   hastig   Meister   Zacharius nicht

se découvrit pas.   Enfin le village d' Évionnaz apparut au milieu de
den Hut zog   nicht Schließlich das Dorf   von [Ortsname]   erschien in der   Mitte   von

cette région inculte. Le coeur le plus endurci se fût ému à voir cette
dieser Region unbebauten Das Herz   das meist abgehärtete sich war erregt zu sehen dieses

bourgade perdue   au milieu de ces horribles solitudes. Le vieillard
Dorf   vergessene in der   Mitte von diesen schrecklichen Einsamkeiten Der   Alte

passa outre. Il se dirigea vers la gauche, et il s' enfonça au plus
ignorierte [das] Er sich richtete gegen   links   und er   drang vor   in das   mehr

profond des   gorges de ces Dents-du-Midi qui mordent le ciel de
Tiefe   von den Schluchten von diesen Dents-du-Midi   die   beißen den Himmel von [mit]

leurs pics aigus. Bientôt une ruine, vieille et sombre comme les rocs
ihren Gipfeln spitzen   Bald   eine Ruine   alt und dunkel   wie   die Felsen

de sa   base, se dressa devant lui.
von ihrem Fundament sich erhob   vor   ihm

«C' est là! là! . . . » s' écria-t-il en précipitant de nouveau sa course
Das ist dort dort   rief aus-[---]-er in beschleunigend von Neuem   sein Laufen

effrénée. Le château d' Andernatt, à cette époque, n' était déjà
wildes   Das Schloss von Andernatt zu dieser   Zeit   nicht war schon

plus   que ruines. Une tour épaisse, usée, déchiquetée, le dominait
nicht mehr als Ruinen   Ein Turm   dicker verfallener   gezackter   es beherrschte

et semblait menacer de sa chute les vieux pignons qui se dressaient à
und   schien   bedrohen von seinem Fall die alten   Giebel die sich erhoben   zu

ses pieds. Ces vastes amoncellements de pierres faisaient horreur à
seinen Füßen Diese großen   Haufen   von Steinen   machten Entsetzen zu

voir. On pressentait, au milieu des encombrements, quelques
sehen Man   ahnte   in der Mitte von den   Mengen [von Steinen]   einige

sombres salles aux plafonds effondrés, et d' immondes réceptacles à
dunkle   Säle mit den Decken eingestürzten und von widerwärtigen Schlupfwinkeln zu

vipères. Une poterne étroite et basse, s' ouvrant sur un fossé rempli
Schlangen Ein   Ausfalltor enges und niedriges sich öffnend über einem Graben gefüllt

la poterne = kleines Tor in einer Burgmauer, aus dem der Feind überraschend angegriffen werden kann

de décombres, donnait accès dans le château d' Andernatt.
von   Trümmern   gab   Zugang in das Schloss von   Andernatt

Quels habitants avaient passé par là? on ne sait. Sans doute,
Welche Bewohner hatten durchgegangen durch dort man nicht weiß Ohne Zweifel

quelque margrave, moitié brigand, moitié seigneur, séjourna dans
irgendein Markgraf halb Räuber halb Herr hielt sich auf in

cette habitation. Au margrave succédèrent les bandits ou les faux
dieser Behausung Auf den Markgraf folgten die Banditen oder die Falsch-

monnayeurs, qui furent pendus sur le théâtre de leur crime. Et la
münzer die waren gehängt auf dem Theater von ihrem Verbrechen Und die

sur le théâtre = am Schauplatz

légende disait que, par les nuits d' hiver, Satan venait conduire ses
Legende sagte dass in den Nächten von Winter Satan kam durchzuführen seine

sarabandes traditionnelles sur le penchant des gorges profondes où
Spektakel traditionellen auf dem Abhang von den Schluchten tiefen wo

s' engloutissait l' ombre de ces ruines!
sich versenkte der Schatten von diesen Ruinen

Maître Zacharius ne fut point épouvanté de leur aspect sinistre. Il
Meister Zacharius nicht war kaum entsetzt von ihrem Anblick unheimlichen Er

parvint à la poterne. Personne ne l' empêcha de passer. Une grande
gelangte zu dem Ausfalltor Niemand nicht ihn hinderte zu durchgehen Ein großer

et ténébreuse cour s' offrit à ses yeux. Personne ne l' empêcha de la
und finsterer Hof sich öffnete zu seinen Augen Niemand nicht ihn hinderte zu ihn

traverser. Il gravit une sorte de plan incliné qui conduisait à l' un de
durchqueren Er erkletterte eine Art von Ebene schiefe die führte zu dem einen von

ces longs corridors, dont les pesants arceaux semblent écraser le
diesen langen Korridoren von denen die schweren Bögen scheinen erdrücken den

jour. Personne ne s' opposa à son passage. Gérande, Aubert,
Tag Niemand nicht sich entgegenstellte zu seinem Durchgang Gérande Aubert

Scholastique le suivaient toujours.
Scholastique ihm folgten immer [noch]

Maître Zacharius, comme s' il eût été guidé par une main invisible,
Meister Zacharius wie [als] ob er hatte gewesen geführt von einer Hand unsichtbaren

semblait sûr de sa route et marchait d' un pas rapide. Il arriva à
schien sicher von seinem Weg und ging von einem Schritt schnellen Er ankam an

une vieille porte vermoulue qui s' ébranla sous ses coups,
einer alten Tür wurmstichigen die sich in Bewegung setzte unter seinen Schlägen

tandis que les chauves-souris traçaient d' obliques cercles autour de sa
während die kahlen-Mäuse zogen [---] schiefe Kreise um seinen

chauves-souris = Fledermäuse

tête. Une salle immense, mieux conservée que les autres, se
Kopf Ein Saal riesiger besser bewahrt als die anderen sich

présenta à lui. De hauts panneaux sculptés en revêtaient
zeigte zu ihm [---] hohe Holzplatten beschnitzte dort verkleideten

les murs, sur lesquels des larves semblaient s' agiter
die Wände auf welchen [---] Larven schienen sich bewegen

confusément. Quelques fenêtres, longues et étroites, pareilles à des
wirr   Einige   Fenster   lang   und schmal   gleich   zu [---]

meurtrières, frissonnaient sous les décharges de la tempête.
Schießscharten   zitterten   unter den   Stößen   von dem Sturm

Maître Zacharius, arrivé   au milieu de cette salle, poussa un cri de
Meister   Zacharius   angekommen in der Mitte von diesem Saal   stieß aus einen Schrei von

joie. Sur un support en fer accolé à la muraille reposait cette horloge
Freude Auf einem Sockel   in Eisen gehängt an der   Mauer   ruhte   diese Uhr

où résidait maintenant sa vie tout entière. Ce chef-d' oeuvre sans
wo   lag   jetzt   sein Leben ganz vollkommen Dieses Meisterwerk   ohne

égal représentait une vieille église romane, avec ses contreforts en fer
Gleichen stellte dar   eine alte   Kirche romanische mit ihren Strebepfeilern in Eisen

forgé   et son lourd clocher, où se trouvait une sonnerie complète.
geschmiedet und seinem schweren Kirchturm wo sich befand   ein Läutwerk vollkommenes

Au-dessus de la porte de l' église, qui s' ouvrait à l' heure
Über   der Tür   von der Kirche die sich öffnete zu der Stunde

des   offices, était creusée une rosace, au centre de laquelle
von den Gottesdiensten war ausgehöhlt eine Rosette in der Mitte von welcher

se mouvaient deux aiguilles, et dont l' archivolte reproduisait
sich bewegten   zwei Zeiger   und von der der gewölbte Bogen   wiedergab

les douze heures du   cadran sculptées en relief. Entre la porte et la
die zwölf   Stunden von dem Zifferblatt geformt in Relief Zwischen der Tür und der

rosace, ainsi que l' avait raconté la vieille Scholastique, une maxime
Rosette   wie   es hatte erzählt die alte   Scholastique   ein Spruch

relative à l' emploi de chaque instant de la journée apparaissait dans
bezogen zu der Anwendung von jedem Moment von dem Tag   erschien   in

un   cadre de cuivre.
einem Rahmen von Kupfer

Maître Zacharius avait autrefois réglé cette succession de devises avec
Meister   Zacharius   hatte   einst geregelt diese Folge   von Wahlsprüchen mit

une sollicitude toute chrétienne; les heures de prière, de travail, de
einer   Fürsorge ganz christlichen   die Stunden von Gebet von Arbeit von

repas, de récréation et de repos se suivaient selon la discipline
Essen von   Pause   und von Ruhe sich folgten   nach der Disziplin

religieuse, et devaient infailliblement faire le salut d' un observateur
religiösen   und mussten   unweigerlich machen die Rettung von einem Beachter

scrupuleux de leurs recommandations. Maître Zacharius, ivre de
gewissenhaften von ihren   Empfehlungen   Meister   Zacharius   trunken von

joie, allait s' emparer de cette horloge, quand un effroyable rire
Freude ging an sich reißen [---] diese Uhr   als   ein grauenhaftes Lachen

éclata derrière lui. Il se retourna, et, à la lueur d' une lampe
erschallte hinter ihm Er sich umdrehte und in dem Schein von einer Lampe

fumeuse, il reconnut le petit vieillard de Genève. «Vous ici! »
rauchenden er wiedererkannte den kleinen Alten von Genf Sie hier

s' écria--t-il. Gérande eut peur. Elle se pressa contre son fiancé.
rief aus-[---]-er Gérande hatte Angst Sie sich drückte gegen ihren Verlobten

«Bonjour, maître Zacharius, fit le monstre. – Qui êtes-vous? – Le
Guten Tag Meister Zacharius machte das Monster Wer sind-Sie Der

seigneur Pittonaccio, pour vous servir! Vous êtes venu me donner
Herr Pittonaccio für Ihnen dienen Sie sind gekommen mir geben

votre fille! Vous vous êtes souvenu de mes paroles: Gérande
Ihre Tochter Sie sich sind erinnert von meinen Worten Gérande

n' épousera pas Aubert. » Le jeune ouvrier s' élança sur Pittonaccio,
nicht wird heiraten nicht Aubert Der junge Arbeiter sich stürzte auf Pittonaccio

qui lui échappa comme une ombre. «Arrête, Aubert! dit maître
der ihm entkam wie ein Schatten Hör auf Aubert sagte Meister

Zacharius. – Bonne nuit, fit Pittonaccio, qui disparut. – Mon
Zacharius Gute Nacht machte Pittonaccio der verschwand Mein

père, s' écria Gérande, fuyons ces lieux maudits! . . . Mon père! . . . »
Vater rief aus Gérande fliehen wir diese Orte verdammten Mein Vater

Maître Zacharius n' était plus là. Il poursuivait à travers les étages
Meister Zacharius nicht war nicht mehr da Er verfolgte durch die Stockwerke

effondrés le fantôme de Pittonaccio. Scholastique, Aubert et Gérande
eingestürzten das Phantom von Pittonaccio Scholastique Aubert und Gérande

demeurèrent, anéantis, dans cette salle immense. La jeune fille était
blieben niedergeschmettert in diesem Saal riesigen Das junge Mädchen war

tombée sur un fauteuil de pierre; la vieille servante s' agenouilla près
gefallen auf einen Sessel von Stein die alte Dienerin sich niederkniete nahe

d' elle et pria. Aubert demeura debout à veiller sur sa fiancée.
von ihr und betete Aubert blieb stehend zu wachen über seine Verlobte

De pâles lueurs serpentaient dans l' ombre, et le silence n' était
[---] blasser Schein sich schlängelte in dem Schatten und die Stille nicht war

interrompu que par le travail de ces petits animaux qui rongent les
unterbrochen außer von der Arbeit von diesen kleinen Tieren die zerfressen die

bois antiques et dont le bruit marque les temps de «l' horloge de la
Hölzer uralten und wovon der Lärm anzeigt die Zeit von der Uhr von dem

mort». Aux premiers rayons du jour, ils s' aventurèrent tous trois
Tod In den ersten Strahlen von dem Tag sie sich wagten alle drei
l'horloge (f) de la mort = die Totenuhr: kleiner Käfer, dessen Klopfen angeblich den Tod ankündigt

par les escaliers sans fin qui circulaient sous cet amas de pierres.
durch die Treppen ohne Ende die verliefen unter diesem Haufen von Steinen

56

Pendant deux heures, ils errèrent ainsi sans rencontrer âme qui vive,
Während zwei Stunden sie irrten so ohne treffen Seele die lebt

et n' entendant qu' un écho lointain répondre à leurs cris. Tantôt ils
und nicht hörend außer einem Echo fernem antworten zu ihren Rufen Mal sie

se trouvaient enfouis à cent pieds sous terre, tantôt ils dominaient de
sich fanden vergraben zu hundert Fuß unter Erde mal sie überragten von

haut ces montagnes sauvages. Le hasard les ramena enfin à la
hoch diese Berge wilden Der Zufall sie zurückbrachte schließlich in den

vaste salle qui les avait abrités pendant cette nuit d' angoisses. Elle
riesigen Saal der sie hatte beherbergt während dieser Nacht von Ängsten Er

n' était plus vide. Maître Zacharius et Pittonaccio y causaient
nicht war nicht mehr leer Meister Zacharius und Pittonaccio dort sprachen

ensemble, l' un debout et raide comme un cadavre, l' autre accroupi
zusammen der eine stehend und starr wie eine Leiche der andere kauernd

sur une table de marbre.
auf einem Tisch von Marmor

Maître Zacharius, ayant aperçu Gérande, vint la prendre par la main
Meister Zacharius habend bemerkt Gérande kam sie nehmen bei der Hand

et la conduisit vers Pittonaccio en disant: «Voilà ton maître et
und sie führte zu Pittonaccio in sagend Hier ist dein Meister und

seigneur, ma fille! Gérande, voilà ton époux! » Gérande frissonna de
Herr meine Tochter Gérande hier ist dein Ehemann Gérande zitterte von

la tête aux pieds. «Jamais! s' écria Aubert, car elle est ma fiancée.
dem Kopf zu den Füßen Niemals rief aus Aubert denn sie ist meine Verlobte

– Jamais! » répondit Gérande comme un écho plaintif. Pittonaccio se
Niemals antwortete Gérande wie ein Echo klagendes Pittonaccio sich

prit à rire. «Vous voulez donc ma mort? s' écria Zacharius. Là,
nahm zu lachen Ihr wollt also meinen Tod rief aus Zacharius Dort

dans cette horloge, la dernière qui marche encore de toutes celles qui
in dieser Uhr der letzten die geht noch von allen diesen die

sont sorties de mes mains, là est renfermée ma vie, et cet homme
sind herausgegangen von meinen Händen dort ist enthalten mein Leben und dieser Mann

m' a dit: «Quand j' aurai ta fille, cette horloge t' appartiendra. »
mir hat gesagt Wenn ich werde haben deine Tochter diese Uhr dir wird gehören

Et cet homme ne veut pas la remonter! Il peut la briser et me
Und dieser Mann nicht will nicht sie aufziehen Er kann sie zerbrechen und mich

précipiter dans le néant! Ah! ma fille! tu ne m' aimerais donc plus!
stoßen in das Nichts Ach meine Tochter du nicht mich liebst also nicht mehr

– Mon père! murmura Gérande en reprenant ses sens. – Si tu savais
Mein Vater murmelte Gérande in wiedernehmend ihre Sinne Wenn du wüsstest

combien j' ai souffert loin de ce principe de mon existence! reprit le
wieviel ich habe gelitten weit von diesem Ursprung von meinem Dasein fuhr fort der

vieillard. Peut-être ne soignait-on pas cette horloge! Peut-être
Alte · Vielleicht · nicht · pflegte-man · nicht diese · Uhr · Vielleicht

laissait-on ses ressorts s' user, ses rouages s' embarrasser! Mais
ließ-man · ihre · Federn sich abnutzen · ihre · Zahnräder sich · verheddern · Aber

maintenant, de mes propres mains, je vais soutenir cette santé si
jetzt · von meinen · eigenen Händen · ich gehe · stützen · diese Gesundheit so

je vais = ich werde (Futur)

chère, car il ne faut pas que je meure, moi, le grand horloger de
liebe · denn es nicht darf nicht [sein] dass ich sterbe · ich · der große Uhrmacher von

Genève! Regarde, ma fille, comme ces aiguilles avancent d' un
Genf · Sieh · meine Tochter · wie · diese · Zeiger · vorrücken von einem

pas sûr! Tiens, voici cinq heures qui vont sonner! Écoute bien, et
Schritt sicheren Sieh · es ist · fünf · Uhr · das wird · läuten · Höre zu · gut · und

regarde la belle maxime qui va s' offrir à tes yeux. » Cinq heures
sieh an · den schönen · Spruch · der wird sich bieten zu deinen Augen · Fünf · Uhr

tintèrent au clocher de l' horloge avec un bruit qui résonna
läutete · in dem Kirchturm von der · Uhr · mit einem Lärm · der · hallte

douloureusement dans l' âme de Gérande, et ces mots parurent en
schmerzhaft · in · der Seele von · Gérande · und diese Worte · erschienen · in

lettres rouges: "Il faut manger les fruits de l' arbre de science. "
Buchstaben roten · Es [man] muss · essen · die Früchte von dem Baum von Wissenschaft

Aubert et Gérande se regardèrent avec stupéfaction. Ce n' étaient
Aubert und · Gérande sich · anschauten · mit · Verblüffung · Das nicht waren

plus les orthodoxes devises de l' horloger catholique! Il fallait
nicht mehr die · frommen · Sprüche von dem Uhrmacher katholischen · Es musste [sein]

que le souffle de Satan eût passé par là. Mais Zacharius n' y
dass der · Atem · von Satan · war vorbeigegangen durch dort · Aber · Zacharius nicht dort

prenait plus garde, et il reprit: «Entends-tu, ma Gérande? Je vis, je
nahm nicht mehr Wache · und er fuhr fort · Hörst-du · meine · Gérande · Ich lebe ich

prendre garde à quelque chose = auf etwas achten

vis encore! Écoute ma respiration!... Vois le sang circuler dans mes
lebe · noch · Höre · meine · Atmung · Sieh das Blut · fließen · in · meinen

veines!... Non! tu ne voudrais pas tuer ton père, et tu accepteras
Adern · Nein · Du nicht würdest wollen · nicht töten deinen Vater · und du wirst akzeptieren

cet homme pour époux, afin que je devienne immortel et que
diesen Mann · für · Ehemann · damit · ich · werde · unsterblich und dass

j' atteigne enfin à la puissance de Dieu! » À ces mots impies, la
ich erreiche schließlich zu der · Macht · von Gott · Zu diesen Worten gottlosen · die

... damit ich genau so mächtig werde wie Gott

vieille Scholastique se signa, et Pittonaccio poussa un rugissement de
alte · Scholastique sich bekreuzigte · und Pittonaccio · stieß aus · ein · Brüllen · von

joie.
Freude

«Et puis, Gérande, tu seras heureuse avec lui! Vois cet homme,
Und dann Gérande du wirst sein glücklich mit ihm Sieh diesen Mann

c' est le Temps! Ton existence sera réglée avec une précision absolue!
das ist die Zeit Dein Dasein wird sein geregelt mit einer Präzision absoluten

Gérande! puisque je t' ai donné la vie, rends la vie à ton père!
Gérande da ich dir habe gegeben das Leben gib zurück das Leben zu deinem Vater

– Gérande, murmura Aubert, je suis ton fiancé! – C' est mon père!
Gérande murmelte Aubert ich bin dein Verlobter Das ist mein Vater

répondit Gérande en s' affaissant sur elle-même. – Elle est à toi! dit
antwortete Gérande in zusammenbrechend auf sich-selbst Sie ist zu dir sagte

maître Zacharius. Pittonaccio, tu tiendras ta promesse! – Voici la
Meister Zacharius Pittonaccio du wirst halten dein Versprechen Hier ist der

clef de cette horloge, » répondit l' horrible personnage.
Schlüssel von dieser Uhr antwortete die schreckliche Person

Maître Zacharius s' empara de cette longue clef, qui ressemblait à une
Meister Zacharius an sich riss von diesem langen Schlüssel der ähnelte zu einer

couleuvre déroulée, et il courut à l' horloge, qu' il se mit à monter
Natter aufgerollten und er rannte zu der Uhr die er anfing zu aufziehen

avec une rapidité fantastique. Le grincement du ressort faisait mal
mit einer Geschwindigkeit unwirklichen Das Knischen von der Feder machte weh

aux nerfs. Le vieil horloger tournait, tournait toujours, sans que son
in den Nerven Der alte Uhrmacher drehte drehte immer noch ohne dass sein

tournait toujours = hier: drehte weiter

bras s' arrêtât, et il semblait que ce mouvement de rotation fût
Arm anhielt und es schien dass diese Bewegung von Drehung war

indépendant de sa volonté. Il tourna ainsi de plus en plus vite et avec
unabhängig von seinem Willen Er drehte so mehr und mehr schnell und mit

des contorsions étranges, jusqu' à ce qu' il tombât de lassitude. «La
[---] Verrenkungen seltsamen bis zu dem dass er fiel von Ermattung Sie

voilà montée pour un siècle! » s' écria-t-il.
jetzt ist aufgezogen für ein Jahrhundert rief aus-[---]-er

Aubert sortit de la salle comme fou. Après de longs détours, il trouva
Aubert ging hinaus von dem Saal wie verrückt Nach [---] langen Umwegen er fand

l' issue de cette demeure maudite et s' élança dans la campagne. Il
den Ausgang von diesem Wohnsitz verdammten und sich stürzte in das Land Er

revint à l' ermitage de Notre-Dame du Scex, et il parla au saint
kam zurück zu der Einsiedelei von Notre-Dame du Scex und er sprach zu dem heiligen

homme avec des paroles si désespérées, que celui-ci consentit à
Mann mit [---] Worten so verzweifelten dass dieser-da zustimmte zu

l' accompagner au château d' Andernatt.
ihn begleiten zu dem Schloss von Andernatt

Si, pendant ces heures d' angoisses, Gérande n' avait pas pleuré,
Wenn während diesen Stunden von Ängsten Gérande nicht hatte nicht geweint

c' est que les larmes s' étaient épuisées dans ses yeux. Maître
das ist dass die Tränen waren versiegt in ihren Augen Meister

Zacharius n' avait pas quitté cette immense salle. Il venait à chaque
Zacharius nicht hatte nicht verlassen diesen riesigen Saal Er kam zu jeder

minute écouter les battements réguliers de la vieille horloge.
Minute hören die Schläge regelmäßigen von der alten Uhr

le battement = hier: das Ticken

Cependant, dix heures avaient sonné, et, à la grande épouvante de
Jedoch zehn Uhr hatte geschlagen und zu dem großen Entsetzen von

Scholastique, ces mots étaient apparus sur le cadre d' argent:
Scholastique diese Worte waren erschienen auf dem Rahmen von Silber

"L' homme peut devenir l' égal de Dieu. " Non-seulement le vieillard
Der Mensch kann werden das Gleiche von Gott Nicht-nur der Alte

devenir l'égal de Dieu = Gott ebenbürtig werden

n' était plus choqué par ces maximes impies, mais il les lisait avec
nicht war nicht mehr schockiert von diesen Sprüchen unfrommen [hier:] sogar er sie las mit

délire et se complaisait à ces pensées d' orgueil, tandis que
Wahn und fand Gefallen an diesen Gedanken von Hochmut während

Pittonaccio tournait autour de lui.
Pittonaccio kreiste um ihn

L' acte de mariage devait se signer à minuit. Gérande, presque
Die Urkunde von Heirat musste sich unterschreiben um Mitternacht Gérande fast

se signer = unterschrieben werden

inanimée, ne voyait et n' entendait plus. Le silence n' était
leblos nicht sah und nicht hörte nicht mehr Die Stille nicht war

interrompu que par les paroles du vieillard et les ricanements de
unterbrochen außer von den Worten von dem Alten und dem Gekicher von

Pittonaccio. Onze heures sonnèrent. Maître Zacharius tressaillit, et
Pittonaccio Elf Uhr schlug Meister Zacharius zuckte zusammen und

d' une voix éclatante lut ce blasphème: "L' homme doit être
von einer Stimme durchdringenden las diese Gotteslästerung Der Mensch muss sein

l' esclave de la science, et pour elle sacrifier parents et famille. "
der Sklave von der Wissenschaft und für sie opfern Eltern und Familie

«Oui, s' écria-t-il, il n' y a que la science en ce monde! » Les
Ja rief aus-[---]-er es nicht dort hat außer der Wissenschaft in dieser Welt Die

aiguilles serpentaient sur ce cadran de fer avec des sifflements de
Zeiger   sich schlängelten auf dem Rahmen von Eisen mit   [---]   Zischen   von

vipère, et le mouvement de l' horloge battait à coups précipités.
Schlange und die Bewegung   von der   Uhr   schlug in Stößen   übereilten

Maître Zacharius ne parlait plus! Il était tombé à terre, il râlait, et de
Meister   Zacharius nicht sprach nicht mehr Er war   gefallen auf Erde   er ächzte und von

sa poitrine oppressée il ne   sortait   que ces paroles entrecoupées:
seiner Brust   bedrückten er nicht herausbrachte außer diesen Worten   stockenden

«La vie! la science!» Cette scène avait alors deux nouveaux témoins:
Das Leben die Wissenschaft   Diese Szene hatte da   zwei   neue   Zeugen

l' ermite et Aubert. Maître Zacharius était couché sur le sol.
den Einsiedler und Aubert   Meister   Zacharius war   gelegen auf dem Boden

Gérande, près de lui, plus morte que vive, priait . . .
Gérande,   nahe von ihm, mehr   tot   als lebendig, betete

Soudain, on entendit le bruit   sec qui précède la sonnerie des
Plötzlich   man   hörte   das Geräusch trockene das vorangeht dem Läuten von den

heures.   Maître Zacharius se redressa. «Minuit,» s' écria-t-il.
Uhren   Meister   Zacharius sich aufrichtete   Mitternacht   rief aus-[---]-er

L' ermite étendit la main vers la vieille horloge . . . et minuit ne
Der Einsiedler streckte aus die Hand gegen die alte   Uhr   und Mitternacht nicht

sonna pas. Maître Zacharius poussa alors un cri qui dut être
läutete nicht   Meister   Zacharius stieß aus   da einen Schrei der musste sein

entendu de l' enfer, lorsque ces mots apparurent: "Qui tentera de
gehört   von der Hölle   als   diese Worte   erschienen   Wer wird versuchen zu
einen Schrei, der bis zur Hölle zu hören war

faire l' égal de Dieu sera damné pour l' éternité! " La vieille
machen das Gleiche von Gott wird sein verdammt für die Ewigkeit   Die   alte

horloge éclata avec un bruit de foudre, et le ressort, s' échappant,
Uhr   zerbrach mit einem Lärm von Blitz   und die Feder   ausbrechend
le bruit de foudre = der Donner

sauta à travers la salle avec mille contorsions fantastiques.
hüpfte   durch   den Saal mit tausend Verrenkungen unglaublichen

Le vieillard se releva, courut après, cherchant en vain à le saisir et
Der Alte   sich wieder erhob rannte nach   suchend   vergeblich zu sie fassen und

s' écriant: «Mon âme! mon âme!» Le ressort bondissait devant lui,
ausrufend   Meine Seele meine Seele   Die Feder   sprang hoch   vor   ihm

d' un côté, de l' autre, sans qu' il parvînt à l' atteindre! Enfin
an einer Seite an der anderen ohne dass er   schien zu sie erreichen   Schließlich

Pittonaccio le saisit, et, proférant un horrible blasphème, il
Pittonaccio   sie packte und   ausstoßend eine schreckliche Gotteslästerung er

s' engloutit sous terre. **Maître Zacharius tomba à la renverse.** Il était
versank   unter   Erde   Meister   Zacharius   fiel   nach hinten [um] Er war

mort.
tot

*   *   *   *   *

Le corps de l' horloger fut inhumé au milieu des pics d' Andernatt.
Der Körper von dem Uhrmacher war   begraben in der Mitte von den Spitzen von   Andernatt

Puis, Aubert et Gérande revinrent à Genève, et, pendant les longues
Dann   Aubert und Gérande kamen zurück nach Genf   und   wärend den   langen

années que Dieu leur accorda, ils s' efforcèrent de racheter par la
Jahren   die   Gott ihnen gewährte   sie sich   bemühten zu   erlösen durch das

prière l' âme du réprouvé de la science.
Gebet die Seele von dem Verdammten von der Wissenschaft